Elfi Eichhorn-Kösler / Bernhard Kraus

ADVENTS- UND WEIHNACHTSFEIERN MIT SENIOREN

HERDER

FREIBURG · BASEL · WIEN

www.herder.de

Umschlagmotiv: Auf der Basis eines Bildes der KNA-Bild, © KNA-Bild,
bearbeitet von Weiß-Freiburg GmbH

Bibelzitate sind entnommen der Einheitsübersetzung der Heiligen Schrift.
© 1980 Katholische Bibelanstalt, Stuttgart

Gesamtgestaltung: Weiß-Freiburg GmbH – Graphik & Buchgestaltung
Herstellung: Himmer AG, Augsburg

Gedruckt auf umweltfreundlichem, chlorfrei gebleichtem Papier
Printed in Germany

ISBN 978-3-451-32223-5

INHALT

VORWORT

Die verschiedenen Feste der Advents- und Weihnachtszeit beleuchten unterschiedliche Aspekte des Geheimnisses der Menschwerdung Gottes – und damit auch unserer Menschwerdung. Für alte Menschen wiederholen sich diese Feste im Laufe des Lebens viele Male, und doch sind jedes Jahr die adventlichen und weihnachtlichen Symbole, Bräuche, Texte und Lieder aufs Neue eine Einladung, innezuhalten, zu warten und zu staunen, den eigenen Hoffnungen und Sehnsüchten Raum zu geben, sich der Verbundenheit mit lieben Menschen bewusst zu sein, nach dem „Stern" Ausschau zu halten, der dem eigenen Weg Orientierung gibt. In der Weihnachtszeit werden bei älteren Menschen intensive Erinnerungen und Gefühle wach: Erinnerungen an die eigene Kindheit, vielleicht an die Zeit mit eigenen Kindern. Auch die schmerzliche Erinnerung an Menschen, mit denen man früher gefeiert hat und die man jetzt vermisst.

Die Spannungen zwischen Kälte und Wärme, Licht und Dunkel, Ende und Anfang, Erwartung und Neuaufbruch bekommen symbolische Bedeutungen für unsere Sehnsucht nach Licht, Wärme und Geborgenheit. Die weihnachtlichen Feste sind mehr als Kommerz oder Nostalgie – es gilt, ihre Botschaft für uns heute in unseren unterschiedlichen Lebenssituationen zu entdecken.

Das gemeinsame Feiern von Alt und Jung – sogar die Tiere und die ganze Schöpfung feiern mit – das Miteinander-Aufbrechen und das Unterwegssein gehören zur Weihnachtszeit. Dieses Fest können weder die Jungen für sich allein noch die Alten für sich feiern, denn durch die Geburt Jesu wurde eine Geschwisterlichkeit unter uns Menschen begründet, die Fremdheit überwindet und keine Alters- oder Verwandtschaftsgrenzen kennt.

In diesem Sinne geben wir Anregungen für Seniorengruppen zu den Festen St. Barbara, St. Nikolaus, Dreikönig (Epiphanie), Mariä Lichtmess (Fest der Erscheinung des Herrn) sowie Adventsfeiern zu den Themen Warten, Symbole, Herbergssuche und Engel. Wir wünschen, dass in diesen Seniorentreffen die frohe Botschaft vernehmbar wird: „Fürchtet euch nicht!", seht das Heil und die Lebenshoffnung, die für uns neu aufgebrochen sind wie eine Blume im Winter oder wie ein frischer Zweig an einem alten Baumstumpf.

Elfi Eichhorn-Kösler
Bernhard Kraus

ZITATE

Schöne Lieder und manch warmes Wort
tiefe Sehnsucht und ein ruhiger Ort
Gedanken, die voll Liebe klingen,
Weihnachten möchte ich nur mit dir verbringen.
unbekannt

Licht bedeutet nicht, dass es keine Nacht mehr gibt;
aber es bedeutet, dass die Nacht erhellt und überwunden werden kann.
Heinrich Fries, Theologe

Das Alter ist für mich kein Kerker, sondern ein Balkon,
von dem man zugleich weiter und genauer sieht.
Marie Luise Kaschnitz

Alt sein ist ein herrlich Ding, wenn man nicht verlernt hat,
was anfangen heißt.
Martin Buber

Ich habe heute eine andere Sicht der Dinge. Vieles, was mir früher ungeheuer wichtig war, hat an Bedeutung verloren. Wenn man in meinem Alter ist, weiß man, man hat einen großen Teil des Lebens hinter sich. Man fragt sich, was hat man noch vor sich? Ich jedenfalls bekomme eine viel ruhigere Sicht der Dinge, als ich sie früher hatte. Ich bin viel gelassener geworden. … Eine der schlimmsten Redewendungen, die ich kenne ist: Man muss die Zeit totschlagen. Zeit ist doch das Kostbarste, was wir haben. Wie kann man das totschlagen wollen?
Johanna von Koczian, Schauspielerin, geb. 1933 in Berlin

ADVENTSKRANZ – ADVENTSKALENDER – CHRISTBAUM

SYMBOLE UND BRAUCHTUM IM ADVENT

ZIELGRUPPE: Seniorinnen und Senioren

GRUPPENGRÖSSE:
Beliebig. Die Teilnehmer/-innen sitzen in Tischgruppen zu ca. sechs Personen, damit sie gut ins Gespräch kommen.

DAUER: Ca. 60–90 Minuten

CHANCEN:
Durch die Auseinandersetzung mit dem Brauchtum und den Symbolen, die in der Adventszeit so selbstverständlich übernommen werden, werden diese in den Blick genommen und können wieder mit Inhalt gefüllt werden.

HINWEISE:
Fertigen Sie aus gelbem Tonpapier für jede/n Teilnehmer/-in einen Stern an (Kopiervorlage Seite 76).

MATERIALIEN:

- ❑ Adventskranz mit vier Kerzen für jeden Tisch
- ❑ Lieder: Wir sagen euch an den lieben Advent (GL 115), Macht hoch die Tür (GL 107), Tragt in die Welt nun ein Licht (Seite 15)
- ❑ Sterne und Stifte
- ❑ Plakat und Stifte oder Folien, Folienschreiber, Overheadprojektor

TEXT FÜR DIE ANKÜNDIGUNG: ADVENTSKRANZ – ADVENTSKALENDER – CHRISTBAUM – SYMBOLE UND BRAUCHTUM IM ADVENT

Auch in einer säkularen Welt wird christliches Brauchtum in der Advents- und Weihnachtszeit gepflegt. Hierin zeigt sich das Verlangen der Menschen nach Zeichen und Symbolen, die gemeinschaftsstiftend und verbindend sind und eine Brückenfunktion zwischen Leben und Glauben übernehmen. Viele Bräuche und Symbole werden heute übernommen, ohne sich über ihre Bedeutung Gedanken zu machen. An diesem adventlichen Nachmittag wollen wir deshalb den Schatz unseres christlichen Brauchtums heben, indem wir uns mit dem Ursprung und der Bedeutung der Bräuche und Symbole beschäftigen.

Einführung

Bräuche sind überlieferte gesellschaftliche Verhaltensformen, deren Ursprung und Sinn häufig nicht mehr eindeutig ist. Christliches Brauchtum kann Anregungen geben, wie der Glaube im Alltag gelebt werden kann. Auch für Menschen, die sich sonst für Glaubensfragen nicht interessieren, kann das Brauchtum eine „Brückenfunktion“ zwischen Leben und Religion darstellen.

Auch heute, in einer säkularen Umwelt, versuchen die Menschen, den Jahreskreis und den Rhythmus des Lebens mit symbolkräftigen Handlungen zu versinnbildlichen. Adventskranz, Weihnachtsbaum, bunte Ostereier oder glanzvolle Hochzeitsfeiern gibt es auch außerhalb eines unmittelbaren christlichen Zusammenhangs. Brauchtum und seine Pflege entspringen offenbar einem dem Menschen zutiefst eigenen Verlangen, sein Leben mit Zeichen und Symbolen in gemeinschaftlichen Handlungen zu ritualisieren. Durch Bräuche wird es dem Einzelnen vor allem erleichtert, sich in einer Gemeinschaft richtig zu verhalten. Insofern ist ein Leben ohne Bräuche nicht denkbar.

Brauchtum und Religiosität stehen – trotz der zunehmenden Säkularisierung – auch heute noch in einem engen Zusammenhang. Nicht zuletzt der Volksglaube findet in einer Fülle von Bräuchen seinen Ausdruck. Die Menschen haben in der Vergangenheit immer dann, wenn sie den theologischen Gehalt eines Festes, sein Mysterium, verstanden haben, das Fest mit reichem Brauchtum ausgestattet.

Die vielen Symbole, die im Brauchtum verankert sind, sprechen im Menschen verborgene Tiefenschichten der Wirklichkeit an. Sie verweisen ihn auf das Transzendente, Göttliche, das mitten in unserer Welt anwesend ist.

Begrüßung

Mit dieser Kerze in der Hand, begrüße ich Sie herzlich zu unserem heutigen Nachmittag. Es ist die erste Kerze unseres Adventskranzes.
Mit dem ersten Sonntag im Advent haben wir ein neues Kirchenjahr begonnen. Der Kreis, der durch den Wechsel der Jahreszeiten symbolisiert wird, hat sich geschlossen. Wiederkehrende Erfahrungen von Vergehen und Entstehen, Tod und Geburt, Ende und Anfang kommen bei diesem Wechsel in den Blick und machen nachdenklich. Jedes Jahr hat den gleichen Rhythmus. Mit dem Begehen und Feiern der verschiedenen Zeiten im Kirchenjahr sind wir hineingenommen in die Gemeinschaft aller Gläubigen und verbunden mit unseren Vorfahren und denen, die nach uns dieselben Zeiten feiern. Dies zeigt, dass es gut ist, dass es diese Festzeiten mit ihren Traditionen, Bräuchen und Symbolen gibt, die dem Leben Struktur geben und den Menschen Gemeinschaftserfahrungen vermitteln.

Wir stehen am Beginn der Adventszeit, einer besinnlichen Zeit, einer Zeit der Vorbereitung auf die Ankunft des Herrn.

Ich halte die Kerze des Adventskranzes in der Hand. An kalten, dunklen Dezembertagen freuen wir uns, wenn in der Stube die Kerzen angezündet werden und mit ihrem Schein eine heimelige Atmosphäre verbreiten. Dann haben wir Zeit, zur Ruhe zu kommen und können den Stress des Alltags hinter uns lassen. Es ist ein schöner Brauch, einen Adventskranz aufzustellen und die vier Kerzen nach und nach zu entzünden.

Kerzen und das Licht, das sie verbreiten, sind ein Symbol der Advents- und Weihnachtszeit. Wir wollen uns heute mit den zahlreichen Bräuchen, die in der Adventszeit gepflegt werden, auseinandersetzen und uns deren Bedeutung für unser Leben und unseren Glauben bewusst werden.

Ich lade Sie ein, in Ihren Tischgruppen die Bräuche und Symbole der Advents- und Weihnachtszeit, die Sie kennen, zusammenzutragen.

Die Teilnehmer/-innen tauschen sich in den Tischgruppen aus. Danach werden die Bräuche und Symbole von der Leitung gesammelt und groß, so dass alle Teilnehmer/-innen die Schrift lesen können, auf ein Plakat oder eine Folie des Overheadprojektors notiert.

Ich befestige die Kerze nun an ihrem Platz auf dem Adventskranz. Ihn wollen wir als erstes näher betrachten. Aber bevor ich Gedanken zum Adventskranz äußere, singen wir gemeinsam das Lied: Wir sagen euch an den lieben Advent.

Lied Wir sagen euch an den lieben Advent (GL 115, 1. Strophe)

Erläuterungen zum Adventskranz

Wir wollen gemeinsam die erste Kerze am Adventskranz anzünden.

Die Teilnehmer/-innen zünden die erste Kerze am Adventskranz auf ihrem Tisch an.

Der Adventskranz ist aus grünen Zweigen geflochten. Das Grün der Zweige ist ein Zeichen der Fruchtbarkeit und der Unvergänglichkeit. Der runde Kranz besitzt keinen Anfang und kein Ende und weist damit auf die Unsterblichkeit Gottes hin. Er kann auch als Siegeskranz gedeutet werden, der symbolisiert, dass mit Jesus das Dunkle in der Welt besiegt wird.

Der Brauch, im Advent einen Kranz aufzuhängen, an dem an jedem Adventssonntag eine Kerze mehr angezündet wird, geht auf Heinrich Wichern zurück, der 1833 die Erziehungsanstalt das „Rauhe Haus" in Hamburg gegründet hat. Der ursprünglich im evangelischen Raum verbreitete Brauch des Adventskranzes wurde erst nach dem zweiten Weltkrieg im katholischen Raum übernommen.

Die vier Kerzen dienen als Kalender und zeigen die vier Sonntage des Advents an.

An den Adventssonntagen werden im Gottesdienst prophetische Texte aus dem Alten Testament vorgetragen, die visionäre Hoffnungen auf das kommende Heil umschreiben: Schwerter werden zu Pflugscharen umgeschmolzen, aus einem Baumstumpf wächst ein neuer Zweig, Wolf und Lamm wohnen zusammen, die Wüste blüht auf, ein Weg wird durch die Wüste gebahnt, Gerechtigkeit herrscht, und alles Unglück hat ein Ende.

An jedem Sonntag wird eine weitere Kerze an dem Adventskranz angezündet.

Die Kerze ist ein Zeichen für Christus, der das Licht der Welt ist, das auch in der Finsternis scheint. Das lang erwartete und erbetene Kommen des Lichtes wird in der langsamen Steigerung der Kerzenzahl sichtbar gemacht. Dadurch wird deutlich, dass das Licht die Dunkelheit besiegt.

Ursprünglich waren am Adventskranz rote Kerzen. Rot als die Farbe der Liebe symbolisiert, dass Jesus aus Liebe zu uns Menschen in die Welt kam.

Mit Jesus kommt das Licht in die Welt. Auch wir können in der Nachfolge Jesu Licht in die Welt bringen.

Auf Ihrem Tische liegen schöne gelbe Sterne. Auch Sterne sind ein weit verbreitetes Symbol der Weihnachtszeit. Sie sind Licht in der Dunkelheit und Wegweiser. Sie sind aber auch ein Hinweis auf den kommenden Messias: Im Buch Numeri steht: „Ein Stern geht in Jakob auf, ein Zepter erhebt sich in Israel" (Num 24,17).

Notieren Sie doch bitte auf einen Stern, was Sie tun können, damit mehr Licht in Ihrer Umgebung spürbar wird.

Jede/r Teilnehmer/-in notiert auf dem Stern einen Vorsatz.

Nehmen Sie diesen Stern am Ende des Nachmittags mit nach Hause. Er soll Ihnen Wegweiser in diesem gerade neu begonnenen Kirchenjahr sein und Sie immer wieder daran erinnern, was Sie tun können, um Licht in Ihre Umgebung, die kleine Welt, in der Sie leben, zu bringen.

Erläuterungen zum Adventskalender

Die Adventszeit besteht nicht nur aus den feierlichen Sonntagen, sondern auch aus Werktagen. Um Kindern die Wartezeit bis zum Weihnachtsfest zu verkürzen und die Vorfreude auf Weihnachten zu steigern, wurde der Adventskalender mit seinen 24 Türchen erdacht. Dieser Kalender ist heute Teil der Adventstradition. Jeden Tag vom ersten bis zum vierundzwanzigsten Dezember wird eine Tür geöffnet.

Das früheste Modell eines selbst gebastelten Adventskalenders stammt aus dem Jahr 1851.

Das erste im Jahre 1908 gedruckte Exemplar verdankt seine Existenz den Kindheitserinnerungen des schwäbischen Pfarrersohnes Gerhard Lang.

Der Adventskalender greift auf ein Symbol zurück, das schon immer mit der Adventszeit verbunden war. Die Tür bzw. das Tor. Schon im Psalm 24,7 steht:

Ihr Tore, hebt euch nach oben,
hebt euch, ihr uralten Pforten;
denn es kommt der König der Herrlichkeit.

Der Psalmvers lädt uns ein, uns für Gott zu öffnen.

Impuls für ein Gespräch in Tischgruppen

Tauschen Sie sich doch bitte in Ihren Tischgruppen darüber aus, was es für Sie heißt, „sich für Gott zu öffnen“, und wie dies in der Adventszeit gelingen kann.

Austausch in den Tischgruppen

In dem schönen Weihnachtslied „Macht hoch die Tür, die Tor macht weit“ wird der Psalmvers aufgegriffen. Wir singen gemeinsam die erste Strophe dieses Liedes.

Lied Macht hoch die Tür (GL 107, Strophe 1)

Türen markieren Übergänge. Sie trennen Drinnen und Draußen. Sie gewähren denen Schutz, die Drinnen sind und schließen die aus, die Draußen sind. Türen kann man ein für alle mal hinter sich zuschlagen oder man kann auch Türen öffnen, oder gar für andere zum Türöffner werden.

In bildhafter Redewendung im alltäglichen Sprachgebrauch taucht das Bild der Tür immer wieder auf: Sie kennen alle die Redensarten „Jemandem die Tür vor der Nase zuschlagen“, „mit der Tür ins Haus fallen“, „eingeschnappt sein“, „offene Türen einrennen“.

„Türen“ können auf dieser bildlichen Ebene als verbindende bzw. trennende Elemente zwischen Menschen verstanden werden. Offene Türen verknüpfen wir in der Regel mit positiven Gedanken und Gefühlen wie (Gast-)Freundschaft, Offenheit der Menschen, Gemeinschaft, Einladung und Kontaktfreudigkeit. Geschlossene Türen dagegen mit Sich-Abkapseln, Sich-Isolieren, Sich-Zurückziehen, Eingeschlossen-Sein.

Nicht nur die Kinder, sondern auch wir sind eingeladen, jeden Tag im Advent eine neue Tür zu öffnen. Dies kann auch im übertragenen Sinne geschehen, beispielsweise wenn wir auf einen Menschen zugehen, mit dem wir schon lange keinen Kontakt mehr hatten, oder indem wir etwas Neues ausprobieren oder …

Was fällt Ihnen ein?

Die Leitung benennt noch einmal die von den Teilnehmer/-innen geäußerten Vorschläge und verleiht ihnen dadurch Gewicht.

Erläuterungen zum Christbaum

Als weiteren Brauch und eindrückliches Symbol der Weihnachtszeit nehmen wir den Weihnachtsbaum in den Blick. Am heiligen Abend ist der Christbaum aus keiner Stube wegzudenken.

Die Vorlage für den späteren Christbaum stellt der Paradiesbaum dar. Als in den Kirchen das Spielen biblischer Geschichten für die Menschen, die nicht lesen konnten, üblich wurde, spielte man am Heiligen Abend vor der Christmette das Paradiesspiel. Es wurde vor dem Christgeburtspiel aufgeführt, da es erklärte, wie die Erbsünde in die Welt gekommen ist. Zur Spielszene gehörte ein „Baum der Erkenntnis", der auch im Winter ein grüner Baum sein musste, da Baumfrüchte nicht an abgeblätterten Bäumen hängen. Wenn das Paradiesspiel vorüber war und das Christgeburtspiel begann, blieb der Paradiesbaum stehen.

Der Tannenbaum stellt den Paradiesbaum dar, von dem die Früchte des Lebens gepflückt werden. Als Früchte werden Äpfel, Nüsse, Gebäck, Süßigkeiten, Christbaumkugeln und Schmuck an den Baum gehängt.

Die Kerzen des Weihnachtsbaums stehen als Symbol für Jesus, das Licht der Welt. Sie haben Verbindung mit der Osterkerze, da durch den Tod Jesu der Weg zum Paradies für uns wieder offen ist.

Mit diesem Symbol der Kerzen am Weihnachtsbaum schließt sich der Kreis unseres heutigen Nachmittags. Wir haben mit der Kerze des Adventskranzes begonnen und enden mit den Kerzen am Christbaum.

Auf dem Adventskranz auf Ihrem Tisch ist erst eine Kerze entzündet. Die anderen Kerzen sollen nun bei den Strophen 2, 3 und 4 des Liedes „Tragt in die Welt nun ein Licht" entzündet werden. Wir bringen damit zum Ausdruck, dass wir zu diesen in den Strophen angesprochen Menschen das Licht bringen.

In der zweiten Strophe denken wir an die alten Menschen, besonders an die, die in unserem Kreis waren und nicht mehr kommen können. Ihnen wünschen wir, dass Licht in ihr Leben kommt und sie Gemeinschaft erfahren.

In der dritten Strophe denken wir an die kranken Menschen, die Schmerzen haben und nicht wissen, wie sich die Krankheit entwickelt. Ihnen wünschen wir, dass Licht in ihr Leben kommt und Hoffnung und Zuversicht wächst.

In der vierten Strophe denken wir an die Kinder, besonders an die eigenen Kinder und Enkelkinder. Ihnen wünschen wir Licht, das ihren Lebensweg erleuchtet und ihnen auch in schwierigen Situationen den Weg weist.

Lied Tragt in die Welt nun ein Licht

Das Lied wird gemeinsam gesungen und bei den Strophen 2, 3 und 4 werden die Kerzen an den Adventskränzen auf den Tischen entzündet.

2. Tragt zu den Alten ein Licht, sagt allen, fürchtet euch nicht …
3. Tragt zu den Kranken ein Licht, sagt allen, fürchtet euch nicht …
4. Tragt zu den Kindern ein Licht, sagt allen, fürchtet euch nicht …

T. / M: Wolfgang Longardt

Abschied

Ich wünsche Ihnen einen guten Heimweg. Nehmen Sie Ihren Stern mit, damit er Ihnen in der Adventszeit und im gerade begonnenen Kirchenjahr den Weg weisen kann.

„O HEILAND, REISS DIE HIMMEL AUF …"

ADVENTSFEIER ZUM THEMA WARTEN

ZIELGRUPPE: Seniorinnen und Senioren

GRUPPENGRÖSSE:
Beliebig. Die Teilnehmer/-innen sitzen in Tischgruppen zu ca. sechs Teilnehmer/-innen, damit sie gut ins Gespräch kommen.

DAUER: Ca. 60–90 Minuten

CHANCEN:
Die Teilnehmer/-innen setzen sich mit ihren eigenen Erfahrungen mit Warten auseinander und stellen Verbindungen zur Adventszeit her.

MATERIALIEN:
- ❑ Lieder: „Es ist ein Ros entsprungen" (GL 132), „O Heiland reiß die Himmel auf" (GL 105)
- ❑ Für jede/n Teilnehmer/-in einen Blumentopf aus Ton mit Blumenerde gefüllt und eine Hyazinthenzwiebel
- ❑ Pro Tisch eine ausgeschnittene Papierblüte

TEXT FÜR DIE ANKÜNDIGUNG: „O HEILAND, REISS DIE HIMMEL AUF …"– ADVENTSFEIER ZUM THEMA WARTEN

Advent ist die Zeit des Wartens. Vielleicht erinnern Sie sich daran, wie ungeduldig Sie einst als Kind auf Weihnachten gewartet haben, auf die Weihnachtsferien und die heiß ersehnten Geschenke. Das ist lange her. Aber auch heute spielt Warten im Leben eine Rolle, nicht nur in der Adventszeit. Warten ist auf ein Ziel hin ausgerichtet, auf etwas, was kommt, was wir herbeisehnen. Wartezeiten erzeugen Spannung, machen ungeduldig, wecken aber auch Vorfreude. Was Warten bedeutet und wie die Wartezeit bis Weihnachten genutzt werden kann, ist Thema unseres Adventsnachmittages.

Einführung

Warten ist eine alltägliche Erfahrung. Die meisten Menschen warten nicht gerne, selbst Leute, die viel Zeit haben, fühlen sich in der Wartezeit fremdbestimmt und vermeiden wenn möglich das Warten. Aber obwohl wir nicht gerne warten, schätzen wir es doch, wenn auf uns gewartet wird oder wir sogar erwartet werden. Da Warten oft als vertane Zeit angesehen wird, ist es sinnvoll, über das Warten nachzudenken.

Deshalb bietet es sich an, das Thema Advent – eine Zeit des Wartens auf die Ankunft Christi – mit den alltäglichen Erfahrungen zusammenzubringen und zu beleuchten.

Begrüßung

Advent ist die Zeit der Erwartung. Wir warten auf Weihnachten, auf die Ankunft des Herrn.

Warten ist aber auch eine Erfahrung, die wir in unserem Leben schon oft gemacht haben. Immer wieder warten wir auf jemand oder etwas. Früher vielleicht auf die Geburt des ersten Kindes, auf die Kinder, wenn die Schule aus war, den Partner, der von der Arbeit nach Hause kam, auf den Ersten, an dem es Geld gab, auf den Urlaub, wenn wir gestresst waren und Zeit zum Ausspannen brauchten. Vielleicht aber auch auf den 21. Geburtstag, an dem wir endlich volljährig wurden und die Eltern uns nicht mehr so viel reinreden konnten.

Warten auf den Bus, warten in der Schlange vor der Kasse, warten an der Ampel, warten in der Warteschleife des Telefons, wenn eine freundliche Stimme uns immer bedeutet „Bitte warten, bitte warten“ sind alltägliche Erfahrungen.

Heute im Alter warten wir auch z. B. auf eine Nachricht der Kinder, auf den Besuch der Enkel, auf den Schlaf, der in der Nacht einfach nicht kommen will, auf einen Befund beim Arzt, auf die Besserung einer Krankheit. Warten hat viele Gesichter und gehört zum Leben jedes Menschen. Jeder von uns hat eigene Erfahrungen mit dem Warten.

Warten erzeugt eine Spannung im Menschen und ist auf ein Ziel hin ausgerichtet. Wir warten, weil etwas oder jemand kommen soll. Warten fällt besonders schwer, wenn es mit der Ankunft von lange Ersehntem oder mit dem Erscheinen von lieben Menschen zu tun hat, auf die wir uns freuen. Wartezeiten sind Zeiten, die als unnötig und vertan betrachtet werden. Sie können aber auch Zeiten der Vorfreude und der Vorbereitung sein, in denen wir uns innerlich für das Kommende bereit machen.

Warten hat mit Erwartung zu tun. Wer keine Erwartungen mehr an das eigene Leben hat, keine Sehnsüchte und Hoffnungen, erlebt Stillstand und Erstarrung.

Bevor wir uns dem Warten und der Ankunft in der Adventszeit zuwenden, setzen wir uns mit den eigenen Erwartungen auseinander.

Impulse für den Austausch in Tischgruppen

- Welche Erfahrungen haben Sie mit Warten im Leben gemacht?
- Wie fühlen Sie sich, wenn Sie auf etwas oder jemanden warten?
- Was tun Sie, um die Wartezeit abzukürzen oder sinnvoll zu nutzen?
- Was erwarten Sie noch von Ihrem Leben? Welche Ziele haben Sie?

Die Teilnehmer/-innen sprechen über die Impulse in ihren Tischgruppen.

Lesung

Auch das Volk Israel lebte in Erwartung. Im Alten Testament weisen Propheten immer wieder auf das Kommen des Erlösers hin. Bei Jesaja lesen wir:

„Das Volk, das im Dunkel lebt, sieht ein helles Licht; über denen, die im Land der Finsternis wohnen, strahlt ein Licht auf. Denn uns ist ein Kind geboren, ein Sohn ist uns geschenkt. Die Herrschaft liegt auf seiner Schulter; man nennt ihn: Wunderbarer Ratgeber, Starker Gott, Vater in Ewigkeit, Fürst des Friedens. Seine Herrschaft ist groß und der Friede hat kein Ende." (Jesaja 9,1.5–6)

Das Volk Israel wartete auf diesen Erlöser. Die Babylonier hatten Israel besiegt. Die heilige Stadt Jerusalem wurde zerstört und der Tempel in Brand gesteckt. Die Israeliten kamen in babylonische Gefangenschaft und haderten mit Gott. Sie dachten, Gott hätte sich von ihnen abgewendet. Sie bleiben aber nicht bei der Klage stehen, sondern bitten Gott, einzugreifen. „Reiß doch den Himmel auf, und komm herab", lesen wir bei Jesaja. Sie legen alle ihre Hoffnung in Gott. Sie hofften auf den Erlöser, der ihnen vom Propheten vorausgesagt wurde.

Im Adventslied „O Heiland, reiß die Himmel auf", das heute noch im Gotteslob steht, wird diese Hoffnung aufgegriffen. Dieses Lied singen wir nun gemeinsam.

Lied O Heiland, reiß die Himmel auf (GL 105, Strophe 1+2)

Impuls für den Austausch in Tischgruppen

Die Israeliten hatten Erwartungen an Gott. Erwarten Menschen heute auch noch etwas von Gott? Erwarten Sie etwas von Gott? Tauschen Sie sich doch bitte hierüber in Ihren Tischgruppen aus.

Austausch in den Tischgruppen – evtl. kann jede Tischgruppe eine Erwartung, die Menschen heute an Gott haben, auf eine Papierblüte notieren, die dann vorgelesen wird.

- Warten auf die Ankunft Gottes.
- Warten, dass es anders wird! – Das eigene Leben, das Zusammenleben in der Familie, die Situation auf der Welt.
- Warten, dass die endlose Spirale von Gewalt durchbrochen wird im Nahen Osten, im Irak, an den vielen vergessenen Orten in Afrika.
- Warten, dass nicht die Ärmsten der Armen immer wieder von Naturkatastrophen getroffen werden …

Hier können die Themen, die die Tischgruppen auf die Blumen geschrieben haben, noch einmal aufgegriffen werden.

Warten auf die verändernde Kraft Gottes. Dies bedeutet nicht, die Hände in den Schoß zu legen, sondern zu beten, zu bitten, den ersten Schritt auf den anderen zuzugehen, selbst Hand anzulegen, wo dies möglich ist, damit Veränderungen geschehen.

Der Advent ist eine Zeit des Wartens. Vier Wochen haben wir dafür Zeit. Papst Gregor der Große legte vier Adventssonntage fest, die symbolisch für die 4000 Jahre stehen, die die Menschen nach kirchlicher Geschichtsschreibung auf den Erlöser warten mussten. Damit stehen wir in einer langen Tradition.

Warten heißt nicht, tatenlos dazusitzen, sondern sich auf den Weg zu machen und sich vorzubereiten.

Impulse für das Gespräch in Tischgruppen

- Wie nutzen Sie die Adventszeit?
- Wie bereiten Sie sich auf Weihnachten vor?
- Was tun Sie für sich, für Andere, mit Anderen?

Austausch in den Tischgruppen.

Unsere Vorbereitung richtet uns auf das Ziel aus und öffnet uns für die Botschaft der Weihnacht. Gemeinsam wollen wir nun die dritte Strophe des Liedes „O Heiland, reiß die Himmel auf“ singen.

Lied O Heiland, reiß die Himmel auf (GL 105, 3. Strophe)

In dieser Strophe wird das Kommen des Herrn mit dem Wachsen, Grünen und Entfalten einer Blume verglichen.

Ich habe für Sie kleine Blumentöpfe mitgebracht und Hyazinthenzwiebeln. Diese sollen ein Symbol für die Zeit des Wartens und die Geburt Jesu, aber auch für unser Leben sein. An dieser Hyazinthe können Sie in der Adventszeit das Wachsen und Grünen beobachten. Sie sehen, wie sich die Zwiebel verändert, was sich in der Wartezeit zeigt und bewegt. Sie können wahrnehmen, wie viel Kraft in einer unscheinbaren Zwiebel steckt, und was sich daraus entwickeln kann.

Blumentöpfe, die mit Blumenerde gefüllt sind, werden ausgeteilt. Jede/r Teilnehmer/-in sucht sich eine Zwiebel aus und pflanzt sie in den Topf.

Diese Blumenzwiebel braucht Pflege. Sie muss gegossen werden, braucht Wärme und Licht, wenn sie wachsen und sich entfalten soll. Wir können das Wachstum der Pflanze nicht beschleunigen, sondern müssen Geduld haben und warten, bis sich etwas tut. Dies ist bei uns Menschen ähnlich. Auch wir benötigen Zuwendung und Nahrung für Leib und Seele, damit wir leben können und das entfalten können, was in uns angelegt ist. Auch hier stellen wir immer wieder fest, dass dieses Wachstum Zeit braucht, dass wir Geduld haben müssen.

Wir hoffen, dass aus dieser kleinen Zwiebel eine schöne Hyazinthe wächst. Dass Neues entsteht. Diese Hoffnung verbinden wir auch mit Weihnachten. In der kleinen Stadt Bethlehem kam mit der Geburt eines kleinen Kindes das Heil in unsere Welt. Wir leben in dieser Gewissheit des geschenkten Heils und auch in der Erwartung des endgültigen Heils. Dies wird uns an Weihnachten immer wieder deutlich.

Ein Lied, das diesen Gedanken des Wachsens und Blühens aufgreift, wollen wir nun gemeinsam singen.

Lied Es ist ein Ros entsprungen (GL 132, Strophe 1–3)

Gebet

Den Abschluss unseres heutigen Nachmittags bildet ein Gebet, das ich Ihnen mit auf den Weg gebe und das Sie durch die Adventszeit begleiten möge.

Guter Gott,
es ist Advent,
die Zeit des Wartens und der Vorbereitung.
Wir bitten dich,
öffne uns für deine Botschaft.
Öffne uns für die Menschen in unserer Umgebung.
Öffne uns für die Not in der Welt.
Mach uns bereit für deine Ankunft.
Zeige uns den rechten Weg.
Stärke uns im Glauben und in der Liebe.
Gib uns die Kraft, das uns Mögliche anzupacken.
Erhöre unsere Gebete und
steh denen bei, die fern sind von dir und nichts mehr von dir erwarten.
Darum bitten wir dich heute und alle Tage im Advent.
Amen.

Abschied

Ich wünsche Ihnen einen guten Heimweg und hoffe, dass in der Adventszeit, der Zeit des Wartens auf die Ankunft Christi, Ihre Hyazinthe sich entfaltet und Sie an den heutigen Tag, die Impulse und die gemeinsamen Gespräche erinnert.

HOFFNUNGSZWEIGE IM WINTER

DIE HEILIGE BARBARA

ZIELGRUPPE: Seniorinnen und Senioren

GRUPPENGRÖSSE:
Beliebig. Die Teilnehmer/-innen sitzen in Tischgruppen zu ca. sechs Teilnehmer/-innen, damit sie gut ins Gespräch kommen.

DAUER: Ca. 60–90 Minuten

CHANCEN:
Die Teilnehmer/-innen setzen sich mit dem Brauchtum zu St. Barbara auseinander und lernen die Heilige Barbara kennen. Ihre Lebensgeschichte ist Ausgangspunkt, um über den eigenen Glauben nachzudenken.

HINWEISE:
- Schneiden Sie Barbarazweige und stellen Sie diese in einen großen Eimer. Auf jeden Tisch wird eine Vase gestellt, in die die Barbarazweige von den Teilnehmer/-innen im Lauf des Nachmittags gestellt werden.
- Legen Sie auf die Tische Bilder mit Symbolen, mit denen die Heilige Barbara immer wieder abgebildet ist: Turm, Kelch, Schwert, Buch, Palmzweig oder Krone.

MATERIALIEN:
- ❑ Barbarazweige, Eimer / Vasen
- ❑ Symbole der Heilige Barbara
- ❑ Papierstreifen mit dem Satzanfang „Ich hoffe, dass…“, Stifte
- ❑ Lied: „Alle Knospen springen auf“ (Seite 25)
- ❑ Bibeltext Jesaja 11,1–2

TEXT FÜR DIE ANKÜNDIGUNG: HOFFNUNGSZWEIGE IM WINTER – DIE HEILIGE BARBARA

Am vierten Dezember feiern wir den Namenstag der Heiligen Barbara. Da sie bis heute bei uns verehrt wird, beschäftigen wir uns mit dieser interessanten Frau. Neben der Legende der Heiligen Barbara nehmen wir auch das Brauchtum an diesem Nachmittag in den Blick und fragen, was die Auseinandersetzung mit der Heiligen Barbara für uns heute bedeuten kann.

Einführung

Barbara wurde im dritten Jahrhundert in Nikomedien, dem heutigen Izmit in der Türkei, geboren. Ihre Lebensgeschichte ist von Legenden umrankt. Sie war die Tochter des reichen Dioscuros, der die Christen hasste und seine eigene Tochter wegen ihres angenommenen Glaubens töten ließ.

Ein bekannter Spruch lautet: „Margarete mit dem Wurm, Barbara mit dem Turm, Katharina mit dem Radl, das sind die drei heiligen Madl". Barbara wird meist mit dem Turm dargestellt, in Bezug zur göttlichen Dreifaltigkeit. Aber auch mit:

- Schwert – zum Zeichen des Martyriums durch das Schwert.
- Kelch und Hostie – für eine gute christliche Sterbestunde.
- Palmzweig – als Hinweis des Sieges und des ewigen Lebens in der Herrlichkeit Gottes.
- Krone – als Zeichen des Sieges über das Martyrium.
- Buch – als Ausdruck der intensiven Beschäftigung mit Glaubensfragen.
  Der Name „Barbara" kommt aus dem Griechischen und heißt „die Fremde".

Begrüßung

Heute beschäftigen wir uns mit der Heiligen Barbara, die im dritten Jahrhundert nach Christus geboren wurde. Sie gehört seit vielen Jahrhunderten zu den beliebtesten Heiligen, sowohl der römisch-katholischen als auch der griechisch-orthodoxen Kirche. Auch heute noch werden Mädchen auf den Namen Barbara getauft. Im 15. Jahrhundert wurde die Märtyrerin, die als Christin verfolgt wurde und durch das Schwert den Tod fand, der Gruppe der 14 Nothelfer zugeordnet. Weite Schichten des Volkes hatten und haben noch heute großes Vertrauen zu ihr.

Dies zeigt auch ein Gebet, das in Familien von Bergleuten von den Kindern gebetet wurde.

„Sankt Barbara bei Tag und Nacht
fahr‘ mit dem Vater in den Schacht!
Steh‘ du ihm bei in jeder Not!
Bewahr‘ ihn vor dem jähen Tod!"

Barbara wird verehrt als:
Patronin der Türme, der Bergleute, Bauern, Architekten, Bauarbeiter, Dachdecker, Maurer, Glockengießer, Schmiede, Zimmerer, Totengräber, Köche, Metzger, der Sterbenden, gegen Feuer, Gewitter, Fieber und gegen die Pest.

Auf Ihrem Tisch liegen verschiedene Symbole, mit denen die Heilige Barbara dargestellt wird. Bevor wir uns aber diesen Symbolen zuwenden, beschäftigen wir uns mit dem Brauchtum, das mit dem Barbaratag verbunden ist, dem Schneiden der Barbarazweige.

Impulse für den Austausch in den Tischgruppen

- Welche Erinnerung verbinden Sie mit dem Schneiden von Barbarazweigen?
- Was haben Sie getan, damit die Knospen rechtzeitig zum Weihnachtsfest erblüht sind?
- Weshalb haben Sie die Zweige geschnitten – wofür stehen diese Zweige für Sie?

Die Barbarazweige werden geschnitten in einer Zeit, in der die Tage kurz und kalt sind. An denen es oft trüb und ungemütlich ist. Barbarazweige sind Hoffnungszeichen. Sie erinnern daran, dass nach dem Winter wieder der Frühling kommt, dass aus kahlen Zweigen wieder neue Knospen erblühen. Sie zeigen, dass auch in kleinen, abgeschnitten, kahlen Zweigen eine Kraft steckt, die Blüten hervorbringen kann.

Ich habe Barbarazweige für Sie geschnitten. Diese Zweige (*zeigen*) sollen nun zu ihren persönlichen Hoffnungszweigen werden. Formulieren Sie bitte Ihre persönliche Hoffnung für Ihr Leben. Dazu liegen kleine Papierstreifen an Ihrem Platz, auf denen bereits der Satzanfang steht „Ich hoffe, dass …"

Die Zweige werden an den Tischen verteilt. Jede/r Teilnehmer/-in nimmt sich einen

Zweig und formuliert eine Hoffnung für das eigene Leben. Die Hoffnungen werden laut ausgesprochen. Dann wird der Zweig in die Vase auf dem Tisch gestellt.

Lied Alle Knospen springen auf

2. Alle Menschen auf der Welt, fangen an zu teilen. Alle Wunden nah und fern, fangen an zu heilen. Menschen teilen – Wunden heilen, Knospen blühen – Nächte glühen.

3. Alle Augen springen auf, fangen an zu sehen. Alle Lahmen springen auf, fangen an zu gehen. Augen sehen – Lahme gehen, Menschen teilen – Wunden heilen, Knospen blühen – Nächte glühen.

4. Alle Stummen hier und da, fangen an zu grüßen. Alle Mauern tot und hart werden weich und fließen. Stumme grüßen – Mauern fließen, Augen sehen – Lahme gehen, Menschen teilen – Wunden heilen, Knospen blühen – Nächte glühen.

Musik: Ludger Edelkötter / Text: Wilhelm Willms

Legende von der Heiligen Barbara

Viele Geschichten ranken sich um die Heilige Barbara. Die Heilige Barbara lebte im dritten Jahrhundert in Nikomedia in Kleinasien. Heute heißt die Stadt Izmit und ist eine türkische Stadt am Marmarameer (nördliches Istanbul). Ihr Vater Dioskuros, ein Heide, liebte seine Tochter über alles. Da er jedoch auch sehr eifersüchtig und argwöhnisch war, sperrte er sie immer in einen Turm ein, wenn er verreisen musste.

Obwohl Barbara sehr reich war, war sie dennoch sehr einsam und unglücklich. Als sie dann die christliche Religion kennen lernte, sah sie in einem christlichen Leben ihre Aufgabe und ließ sich taufen. Dies war in der Zeit der Christenverfolgung unter Kaiser Decius in den Jahren 249–251.

Die Legende erzählt nun, dass der Vater, als er von einer Geschäftsreise zurückkam, erstaunt feststellte, dass der Turm statt zwei Fenster wie bisher, drei Fenster aufwies. Als er seine Tochter zur Rede stellte, gestand sie ihm, dass sie Christin sei und zur Erinnerung an die heilige Dreifaltigkeit drei Fenster im Turm haben wollte.

Der Vater war entsetzt und versuchte alles, um sie vom Christentum loszureißen. Dioskuros drohte ihr mit dem Tode, wenn sie nicht vom Christentum abließe. Das Mädchen ließ sich von ihrem Glauben nicht mehr abbringen und sagte: „Den Fluch deiner Götter fürchte ich nicht, denn mich hat Christus gesegnet.“ Da verwandelte sich die Liebe des Vaters in Hass. Aus Enttäuschung und Wut über ihren Starrsinn zeigte er sie selber an. Sie wurde gefangen genommen und starb für ihren Glauben. Den Vater erschlug unmittelbar nach der Untat der Blitz.

Das Brauchtum mit den Barbarazweigen soll auf ihre Gefangenschaft zurückgehen. Auf dem Wege dorthin blieb Barbara an einem Kirschzweig hängen. Sie brach ihn und stellte ihn in ihrer Zelle in einen Krug mit Wasser. Dort erblühte er an dem Tage, als ihr Todesurteil gesprochen wurde. In den letzten Tagen im Bewusstsein ihres Todes fand sie Trost darin, dass der Zweig in ihrer Zelle blühte.

Nachdem Sie nun die Legende von der Heiligen Barbara gehört haben, möchte ich Ihren Blick auf die Symbole lenken, die auf ihrem Tisch liegen. Welche Verbindung können Sie zur Heiligen Barbara herstellen? Weshalb wird Barbara mit dem Turm, dem Schwert, Kelch und Hostie, Palmzweig, Krone, Buch dargestellt?

Die Teilnehmer/-innen nennen ihre Ideen – die Leitung ergänzt.

Impuls für den Austausch in den Tischgruppen

Die Legende zeigt, wie wichtig Barbara ihr Glauben war. Auch die Drohung mit dem Tod konnte sie nicht davon abbringen. Erzählen Sie einander von Ihrem Glauben: Wie sind Sie zu ihm gekommen und was ist Ihnen an Ihrem Glauben wichtig?

Gespräch in den Tischgruppen

Abschied

Abschließen möchte ich unseren heutigen Nachmittag mit einigen Zeilen aus dem Buch Jesaja (Jesaja 11,1-2):

Doch aus dem Baumstumpf Isais wächst ein Reis hervor,
ein junger Trieb aus seinen Wurzeln bringt Frucht.
Der Geist des Herrn lässt sich nieder auf ihm:
der Geist der Weisheit und der Einsicht,
der Geist des Rates und der Stärke,
der Geist der Erkenntnis und Gottesfurcht.

Dieser Text enthält die Hoffnung, dass Neues entsteht und eine heilere Welt sichtbar wird, in der Gottes Geist wirkt.

Der Barbarazweig soll Zeichen dieser Hoffnung sein. Nehmen Sie Ihren Barbarazweig mit nach Hause. Ich hoffe, dass Sie an Ihrem Zweig beobachten können, wie er seine Kraft entfaltet und zum Weihnachstfest blüht.

NIKOLAUS ODER WEIHNACHTSMANN

SPURENSUCHE IM WEIHNACHTSRUMMEL

ZIELGRUPPE: Seniorinnen und Senioren

GRUPPENGRÖSSE:
Beliebig. Die Teilnehmer/-innen sitzen in Tischgruppen zu ca. sechs Personen, damit sie gut ins Gespräch kommen.

DAUER: Ca. 60–90 Minuten

CHANCEN:
„Nikolaus" ist mit vielen Kindheitserinnerungen verbunden, deswegen können die Teilnehmer/-innen viele biografische Erinnerungen erzählen. Der heilige Nikolaus ist ein Vorbild darin, Menschen in Notsituationen nicht zu übersehen, ihnen zu helfen, mit ihnen zu teilen und für sie einzutreten. Legenden, Lieder und Gedichte sollen an diesem Nachmittag die lebensfrohe und ermutigende Weihnachtsbotschaft verkünden.
Bei vielen alten Menschen sind Kindheitserinnerungen an den Nikolaus aber mit massiven Ängsten verbunden, wurde doch der Nikolaus in manchen Kreisen als strenge Moralinstanz und göttliche Überhöhung der elterlichen Autorität aufgebaut, der zunächst den Kindern die Leviten liest und die „Bosheiten" eines ganzen Jahres auftischt, um sich schließlich doch großzügig zu erweisen. Dieses Nikolausbild hat auch das Gottesbild vieler Älterer nachhaltig beeinflusst: der strenge Richtergott, dem nichts verborgen bleibt („Ein Auge ist, das alles sieht, auch was in finstrer Nacht geschieht"), auf dessen Gnade man aber vertrauen darf.

HINWEISE:
Bei dieser Feier tritt kein verkleideter Nikolaus auf, wohl aber werden viele Nikolaus-Utensilien gebraucht, die nach und nach den Teilnehmer/-innen gezeigt (in kleineren Gruppen können die Teilnehmer/-innen diese Gegenstände auch selbst in die Hand nehmen) und in die Mitte gelegt werden.

MATERIALIEN:

- ❑ Bischofsmitra, Bischofsstab, Bischofsrobe; drei goldene Kugeln (mit Goldfolie überzogene Tennisbälle) oder drei Äpfel, Stiefel; Spielzeug-Segelschiff; Goldenes Buch, Sack für Geschenke; Rute; Coca-Cola-Dose, Werbeanzeigen mit Weihnachtsmännern, Zipfelmütze eines Weihnachtsmannes
- ❑ Für jeden Tisch ein Teller mit Süßigkeiten
- ❑ Ein kleiner Weckmann (Hefegebäck in Nikolausform) für jede/n Teilnehmer/in
- ❑ Lied: „Lasst uns froh und munter sein“ (Seite 30)

TEXT FÜR DIE ANKÜNDIGUNG: NIKOLAUS ODER WEIHNACHTSMANN?

Wir wollen zusammen Nikolaus feiern und auf Spurensuche nach dem Heiligen Nikolaus gehen, ebenso nach seinem Diener Knecht Ruprecht und nach dem geschäftefördernden Weihnachtsmann. Bei allem Weihnachtsrummel sollte die Botschaft des Nikolaus nicht verloren gehen: Not sehen und Leben teilen; geben und reich beschenkt werden.

Begrüßung

Heute wollen wir zusammen Nikolaus feiern. Schon als Kind sind wir diesem Heiligen begegnet – er ist der Heilige der Kinder, der mit seinen Geschenken zeigt, wie wichtig jeder Mensch ist. Wir wollen etwas über den Heiligen Nikolaus erfahren und entdecken, welche Botschaft er für uns als altgewordene Kinder hat.

Nikolauslegende (erster Teil)

Bischofsmitra, Bischofsstab, Bischofsrobe zeigen

Um dem Heiligen Nikolaus auf die Spur zu kommen, müssen wir bis ins vierte Jahrhundert in das Gebiet der heutigen Türkei zurückgehen in die Stadt Myra (etwa 100 Kilometer südwestlich von Antalya), wo Nikolaus Bischof war. Sein Todestag am 6. Dezember wird schon lange gefeiert. Nikolaus wird von den orthodoxen Christen sehr verehrt. In unserer Tradition gab es ursprünglich am Nikolaustag für die Kinder kleine Geschenke. Erst in der Neuzeit hat in dieser Beziehung das Christkind den Nikolaus abgelöst und die Bescherung wurde auf den Heiligen Abend, also den 24. Dezember, verlegt. Um sein Leben ranken sich viele Legenden, die Nikolaus alle als einen

Bischof herausstellen, der den kleinen Leuten und vor allem auch den Kindern tatkräftig geholfen hat. Hören wir eine Nikolaus-Legende:
Drei goldene Kugeln oder drei Äpfel, Stiefel zeigen.

Ein armer Mann hatte drei Töchter, die gerne heiraten wollten. Aber der Vater war so arm, dass er sie nicht mit der nötigen Mitgift ausstatten konnte. Nikolaus erfuhr von der Not der Familie. Weil er gerade ein größeres Vermögen geerbt hatte, beschloss er, der Familie unauffällig aus der Notlage zu helfen. In drei Nächten schlich er zu dem Haus und warf jeweils eine goldene Kugel durch das Fenster in die Kammer der Mädchen. In der dritten Nacht gelang es dem Vater, Nikolaus zu entdecken und sich bei ihm zu bedanken. Seine Freude war groß, denn nun konnten seine Töchter endlich heiraten.

Aufgrund dieser Legende wird Nikolaus oft mit drei goldenen Kugeln oder drei Äpfeln dargestellt.
Die Legende führt auch zu dem Brauch, am Abend des Nikolaustages Stiefel vor die Tür oder einen Teller unter das Bett zu stellen, in denen sich dann am andern Morgen kleine Geschenke finden. Kennen Sie diesen Brauch?

Kurzes Gespräch in Tischgruppen.

Lied Lasst uns froh und munter sein

2.) Dann stell ich den Teller auf,
Niklaus legt bestimmt was drauf.
Refrain

3.) Wenn ich schlaf, dann träume ich,
jetzt bringt Nikolaus was für mich.
Refrain

4.) Wenn ich aufgestanden bin,
lauf ich schnell zum Teller hin.
Refrain

5.) Niklaus ist ein guter Mann,
Dem man nicht g'nug danken kann.
Refrain

Nikolauslegende (zweiter Teil)

Kleines Spielzeug-Segelschiff zeigen

Auch in vielen anderen Legenden wird erzählt, wie der Heilige Nikolaus den Menschen hilft. Einmal rettete er in einem Seesturm ein Schiff vor dem Untergehen. Deswegen wurde Nikolaus zum Heiligen der Seefahrer und Handelsleute. Nikolaus ist der Patron der Hanse, viele Hauptkirchen in Norddeutschland sind „Nikolai-Kirchen".

Eine Legende erzählt, wie in Myra eine schlimme Hungersnot war. Bischof Nikolaus erfährt, dass im Hafen ein Handelsschiff liegt, das Korn zum Kaiser nach Byzanz bringen soll. Der Kapitän weigert sich, Nikolaus von seiner Ladung etwas zu verkaufen, denn der Kaiser würde ihn hart bestrafen, wenn von dem Korn etwas fehlen würde. Nikolaus nahm all seinen Mut zusammen, beschwor den Kapitän, doch Erbarmen mit den hungernden Menschen zu haben. Nikolaus versprach ihm, dass er beim Kaiser nichts zu befürchten habe. Schließlich ließ der Kapitän etwas von dem Korn ausladen. Erstaunt stellte er fest, dass das Korn im Schiff nicht weniger wurde, je mehr er auslud. So rettete Nikolaus die Einwohner von Myra vor dem Verhungern.

Diese Legende enthält eine tiefe Lebensweisheit: Leben heißt, miteinander teilen. Und: Wer gibt, empfängt mehr, als er gegeben hat.

Nikolausbrauchtum (erster Teil)

Goldenes Buch, Schwarzes Buch, Geschenksack zeigen.

Kam in Ihrer Kindheit zu Ihnen auch der Nikolaus nach Hause? Hören Sie noch, wie er mit schweren Schritten die Treppe hochgestapft kommt und nach den Kindern Ausschau hält, die sich vor Angst unter dem Tisch versteckt hatten? Erinnern sie sich noch, wie Sie allen Mut zusammengenommen haben, sich vor den riesigen Mann hingestellt und das mühsam gelernte Gedicht aufgesagt haben? Und wie dann der Nikolaus sein schwarzes Buch aufgeschlagen hat, in dem alle Ihre „bösen Taten“ standen – woher er das nur alles wusste? –, aber zum Glück stand im goldenen Buch auch einiges Lobenswertes. Wie Sie dann Besserung gelobt haben und schließlich der Sack geöffnet wurde mit Geschenken speziell für Sie – denn insgesamt war der Nikolaus bei seiner Jahresbilanz doch einigermaßen zufrieden.

Teller mit Süßigkeiten werden hereingetragen und auf die Tische gestellt: Es folgt eine Kaffeepause mit Zeit zum Erzählen von Nikolauserlebnissen als Kind.

Nikolausbrauchtum (zweiter Teil)

Rute zeigen

Aber dann gibt es noch einen Begleiter, der nicht so freundlich ist wie der Nikolaus: Knecht Ruprecht, ein wilder und böser Geselle, von Nikolaus an die Leine gelegt, damit er kein Unheil mehr anrichten kann. Er muss Nikolaus den schweren Sack mit den Geschenken tragen. Er hat auch eine Rute dabei, um die bösen Kinder zu bestrafen – und die ganz bösen werden angeblich sogar in seinen Sack gesteckt und mitgenommen. Aber nicht jeder Knecht Ruprecht ist so furchterregend – in dem bekannten Gedicht von Theodor Storm (1817–1888) verschmelzen die Figuren des Nikolaus und des Knecht Ruprecht.

Jemand trägt das Gedicht vor; es ist gut möglich, dass die Teilnehmer/-innen das Gedicht noch aus ihrer Schulzeit auswendig können und mitsprechen.

Von drauß' vom Walde komm ich her;
Ich muss euch sagen, es weihnachtet sehr!
All überall auf den Tannenspitzen
sah ich goldene Lichtlein sitzen;
Und droben aus dem Himmelstor
sah mit großen Augen das Christkind hervor.

Und wie ich so strolch' durch den finsteren Tann,
da rief's mich mit heller Stimme an:
„Knecht Ruprecht", rief es, „alter Gesell,
hebe die Beine und spute dich schnell!
Die Kerzen fangen zu brennen an,
das Himmelstor ist aufgetan.
Alte und Junge sollen nun
von der Jagd des Lebens einmal ruhn;
Und morgen flieg ich hinab zur Erden,
denn es soll wieder Weihnachten werden!"

Ich sprach: „O lieber Herre Christ,
meine Reise fast zu Ende ist,
ich soll nur noch in diese Stadt,
wo's eitel gute Kinder hat."

„Hast denn das Säcklein auch bei dir?"
Ich sprach: „Das Säcklein, das ist hier:
Denn Apfel, Nuss und Mandelkern
essen fromme Kinder gern."

„Hast denn die Rute auch bei dir?"
Ich sprach: „Die Rute, die ist hier;
Doch für die Kinder nur, die schlechten,
die trifft sie auf den Teil, den rechten."

Christkindlein sprach: „So ist es recht!
So geh mit Gott, mein treuer Knecht!

Von drauß' vom Walde komm ich her;
Ich muss euch sagen, es weihnachtet sehr!
Nun sprecht, wie ich's hier drinnen find!
Sind's gute Kind, sind's böse Kind?

Weihnachtsmann statt Nikolaus?

Coca-Cola Dose, Werbeplakat mit Weihnachtsmann, rote Zipfelmütze zeigen

Im letzten Jahrhundert bekam Nikolaus Konkurrenz. Statt dem Bischof mit Bischofsstab und Mitra taucht immer häufiger ein alter zotteliger Kerl mit weißem Rauschebart, langem rotem Mantel und roter Zipfelmütze mit weißem Besatz auf, der auch einen Sack mit Geschenken dabei hat: Der Weihnachtsmann. Je nach Gegend ist er mit dem Rentierschlitten unterwegs oder er zwängt er sich durch Kamine in die Häuser, um Geschenke zu bringen. Weihnachtsmannfiguren klettern wie Bergsteiger an Hauswänden hoch. Weihnachtsmänner gibt es selbst in nichtchristlichen Gegenden wie China und Japan, um zum Kaufen und Schenken zu animieren. Seit 1931 macht Coca-Cola in der Weihnachtszeit eine große Werbekampagne mit Weihnachtsmännern, die genau im Coca-Cola-Rot gekleidet sind. Diese weltweite Werbeaktion hat unser Weihnachtsmann-Bild maßgeblich beeinflusst.

Aber lassen wir den Weihnachtsmann Weihnachtsmann sein und kommen zurück zum Heiligen Nikolaus. An Nikolaus gibt es ein besonderes Gebäck: einen Weckmann aus Hefeteig, „Dambedei" oder wie immer er ja nach Gegend heißt. Wir haben für jede und jeden von Ihnen solch einen kleinen Nikolaus mitgebracht. Bitte nehmen Sie ihn zum Andenken an diese Feier mit nach Hause. Vielleicht können Sie ihn dort mit jemand teilen. Wenn wir ihn uns dann essend einverleiben, drücken wir damit den Wunsch aus, dass auch wir etwas von der Güte, der Menschenfreundlichkeit, der Kinderfreundlichkeit des Heiligen Nikolaus verkörpern mögen.

Weckmänner verteilen.

Wir wollen zum Abschluss nochmals das Lied „Lasst uns froh und munter sein" singen.

Abschlusslied Lasst uns froh und munter sein

Segenswunsch

Guter Gott, wir danken dir, dass es Menschen gibt wie den Heiligen Nikolaus:
Menschen, die Not sehen und nicht vorbeigehen;
Menschen, die spüren, was andere zum Leben brauchen;
Menschen, die die Stürme des Lebens beruhigen können;
Menschen, die frohen Herzens teilen und schenken können.
Guter Gott, hilf uns, dass auch wir Notsituationen wahrnehmen
und nicht achtlos vorbeigehen,
dass auch wir spüren, was andere zum Leben brauchen;
lass uns nicht allein,
wenn es in unserem Leben und Zusammenleben stürmisch zugeht,
öffne unsere Herzen und Hände –
um zu schenken und beschenkt zu werden.
Amen.

„DICH SCHICKT DER HIMMEL“

WEIHNACHTSENGEL UND ENGEL IM EIGENEN LEBEN

ZIELGRUPPE: Seniorinnen und Senioren

GRUPPENGRÖSSE:
Beliebig. Die Teilnehmer/-innen sitzen in Tischgruppen zu ca. sechs Teilnehmer/-innen, damit sie gut ins Gespräch kommen.

DAUER: Ca. 60–90 Minuten

CHANCEN:
Die Teilnehmer/-innen erhalten Informationen zu den biblischen Engeln und setzen sich mit ihren eigenen Engelvorstellungen auseinander. Im Gespräch lernen sie die Vorstellungen und Erfahrungen der anderen Teilnehmer/-innen kennen und erweitern ihren Blickwinkel.

HINWEISE:
Sammeln Sie im Vorfeld Engeldarstellungen aus verschiedenen Zeitepochen, die deutlich machen, wie sich die Vorstellungen im Lauf der Zeit gewandelt haben. Bis ins vierte Jahrhundert werden Engel ohne Flügel, als Männer in antiker Tracht dargestellt. Ab dem fünften Jahrhundert gibt es Engel mit Flügeln. In der Renaissance entstehen Kinderengel und mädchenhafte Gestalten. Im Barock und Rokoko entstehen Putten und musizierende Engel. Ganze Heerscharen von Engeln werden dargestellt. Auch im 20. Jahrhundert haben sich zahlreiche Künstler um Engeldarstellungen bemüht: allen voran Marc Chagall, Ernst Barlach, Max Beckmann, Joseph Beuys und Paul Klee. Die Leiblichkeit der Engel wird zurückgedrängt, die Darstellungen sind offener und mehrdeutiger in ihrer Aussage.

MATERIALIEN:
- ❑ CD „bewegen und besinnen“ erhältlich bei: Seniorenreferat der Erzdiözese Freiburg, Okenstraße 15, 79108 Freiburg, Tel. 0761-5144-211/213 E-Mail: seniorenreferat@seelsorgeamt-freiburg.de
- ❑ CD-Player
- ❑ Lied: „Es kam ein Engel hell und klar“ (GL 138)

- ❑ Engeldarstellungen aus verschiedenen Jahrhunderten als Folien oder Dias (Dias können bei Medienstellen der Diözesen ausgeliehen werden)

TEXT FÜR DIE ANKÜNDIGUNG: „DICH SCHICKT DER HIMMEL" – WEIHNACHTSENGEL UND ENGEL IM EIGENEN LEBEN

Rund um die Weihnachtsgeschichte spielen Engel eine Rolle. Sie sind Boten Gottes, die den Menschen von der Geburt Jesu berichten. Engel haben für die Menschen in den letzten Jahren wieder an Bedeutung gewonnen. Sie begegnen uns heute in vielfältiger Form, an unterschiedlichen Orten und in verschiedenen Zusammenhängen. Diese Präsenz von Engeln ist ein Zeichen dafür, dass ein tiefes Bedürfnis nach Transzendenz und Schutz besteht. An diesem Nachmittag beschäftigen wir uns mit den Engeln der Bibel, mit Engeldarstellungen und unseren eigenen „Engelerfahrungen". Bitte bringen Sie zu diesem Nachmittag „Ihren Lieblingsengel" (Bild, Figur, Text ...) mit.

Einführung

Im Alten und im Neuen Testament kommen Engel etwa an 300 Stellen vor. Das griechische Wort „angelos" heißt Bote. Damit ist eine wichtige Funktion der Engel benannt. Sie sind die Mittler zwischen Gott und den Menschen. Sie tragen die Botschaft Gottes zu den Menschen. Engel haben aber auch die Wächteraufgabe, den Menschen zu behüten und beschützen. Im Psalm 91, Vers 11 findet sich die eindrückliche Stelle „Denn er befiehlt seinen Engeln, dich zu behüten auf all deinen Wegen. Sie tragen dich auf ihren Händen damit dein Fuß nicht an einen Stein stößt". Im Buch Tobit wird der Erzengel Raphael zum Führer und Begleiter von Tobias. Engel sind somit Zeichen der Nähe Gottes. Sie kommen oft an Lebenswenden, künden von neuen Lebensmöglichkeiten, begleiten Veränderungsprozesse, sind da, wenn wir nicht mehr weiterwissen (Elija) und nehmen uns Angst („Fürchte dich nicht").

Begrüßung

Engel spielen in der Weihnachtsgeschichte eine große Rolle. Maria wird vom Erzengel Gabriel verkündet, dass sie Jesus gebären wird, Josef erscheint im Traum ein Engel, der ihn auffordert, Maria zu seiner Frau zu nehmen. Auch die Geburt Jesu wird den Hirten von Engeln verkündet, und Josef erhält von Engeln den Auftrag, mit Maria und dem Kind nach Ägypten zu fliehen.

In diesen Bibelstellen wird nicht näher erläutert, was Engel sind, sondern es werden Aufgaben beschrieben, die die Engel haben und es werden Eigenschaften deutlich, die zu ihnen gehören.

- Engel sind Boten Gottes, die als seine Gesandten eine Botschaft überbringen, wie dies bei Maria geschah. Gabriel verkündigt ihr Unglaubliches und überbringt einen außerordentlichen Auftrag. Der Engel macht Maria deutlich, dass ihr Leben eine neue Wendung nimmt. Sie spürt, dass sie in der Lage ist, den Auftrag anzunehmen und damit Großes zu leisten, wenn sie sich auf Gott einlässt.
- Bei Josef erscheint der Engel in einer Situation, in der er in einer Krise steckt. Eine Entscheidung steht für ihn an. Er möchte sich von Maria zurückziehen. Der Engel deutet ihm die Situation, und er kann dann die Aufgabe annehmen, Maria zur Frau zu nehmen.
- Den Hirten auf dem Feld erläutern die Engel, was nach Gottes Plan geschieht. Sie bringen die Hirten in Bewegung.
- Engel beschützen vor Gefahren, wie wir es bei der Botschaft, nach Ägypten zu fliehen, sehen können.
- Engel haben etwas Geheimnisvolles an sich, sie kommen und gehen überraschend, sie sind Boten des Transzendenten und weisen über das unmittelbar Erlebte hinaus.
- Durch Engel wirkt Gott. Wer an Engel glaubt, traut Gott zu, dass er in seinem Leben wirkt, dass er aufrüttelt, lenkt, korrigiert, bewahrt, führt und schützt.

Wir wollen uns heute mit den Engeln der Weihnachtsgeschichte beschäftigen, aber auch der Bedeutung von Engeln im eigenen Leben nachspüren.

Sie haben Ihre Engel mitgebracht. Zeigen Sie doch bitte Ihren Tischnachbarn Ihre Engel und erzählen Sie die Geschichte, die zu Ihrem Engel gehört und diesen Engel zu Ihrem Engel macht.

Die Teilnehmer/-innen stellen in den Tischgruppen ihre Engel vor.

Engel sind sehr verschieden. Auch die Engeldarstellungen, die wir in Kirchen, auf Bildern, in Büchern finden, die Maler und Bildhauer gestaltet haben, unterscheiden sich voneinander. Denn in unterschiedlichen Zeitepochen wurden Engel verschieden dargestellt. Sie sind Zeichen für die Vorstellungen, die die Menschen in dieser Zeit von den Engeln hatten.

Die Leitung zeigt Engeldarstellungen (Bilder, Dias ...) aus verschiedenen Jahrhunderten und lässt die Teilnehmer/-innen beschreiben, wie die Engel dargestellt sind und welche Vorstellungen von Engeln in den Darstellungen gezeigt werden.

Nachdem wir uns nun die Engel angeschaut haben, stimmen wir uns auf die anschließende weihnachtliche Bibelstelle mit dem Lied „Es kam ein Engel hell und klar" ein.

Lied Es kam ein Engel hell und klar (GL 138, Strophen 1-7)

Lesung

Der Bibeltext wird in der Tischgruppe vorgelesen.

In jener Gegend lagerten Hirten auf freiem Feld und hielten Nachtwache bei ihrer Herde. Da trat der Engel des Herrn zu ihnen, und der Glanz des Herrn umstrahlte sie. Sie fürchteten sich sehr, der Engel aber sagte zu ihnen: Fürchtet euch nicht, denn ich verkünde euch eine große Freude, die dem ganzen Volk zuteil werden soll: Heute ist in der Stadt Davids der Retter geboren, er ist der Messias, der Herr. Und das soll euch als Zeichen dienen: Ihr werdet das Kind finden, das in Windeln gewickelt in einer Krippe liegt. Und plötzlich war bei dem Engel ein großes himmlisches Heer, das Gott lobte und sprach: Verherrlicht ist Gott in der Höhe, und auf Erden ist Friede bei den Menschen seiner Gnade. (Lukas 2,8–14)

Impulse für die Auseinandersetzung mit dem Text

- Was spricht Sie an? Weshalb?
- Was irritiert Sie? Weshalb?
- Welche Aufgaben/Bedeutung haben die Engel im Text?
- Was bedeutet für Sie „Fürchtet Euch nicht"?
- Was verbinden Sie mit den Begriffen „Retter", „Messias", „Herr"?

Wir schließen die Gespräche in den Tischgruppen mit der achten Strophe des Liedes „Es kam ein Engel hell und klar" ab.

Lied Es kam ein Engel hell und klar (Strophe 8)

Nun haben wir viel von biblischen Engeln gehört und gesprochen. Ich denke, dass es nun an der Zeit ist, uns zu fragen, ob Engel in unserem Leben eine Rolle spielen und ob wir selbst Engelerfahrungen haben oder Spuren von Engeln in unserem Leben sichtbar sind.

Engel in meinem Leben

Auch in der Alltagssprache spielen Engel eine Rolle. Wer hat nicht schon den Satz gehört: „Dich schickt der Himmel!" Vielleicht sind Sie von einem andern Menschen mit diesen Worten empfangen worden, oder vielleicht haben Sie diesen Satz zu einem Freund oder einem anderen Menschen gesagt. „Dich schickt der Himmel" drückt aus, dass der andere Mensch im richtigen Moment auftaucht. In einer Situation, in der man allein nicht weiterkommt, in der man sich allein, verlassen, einsam, traurig fühlt, wo man jemanden braucht. In diesem Satz steckt aber auch die Gewissheit, dass wir Gott nicht gleichgültig sind, sondern dass er uns begleitet und beschützt.

Ein anderer Satz aus unserer Alltagssprache weist ebenfalls auf das Vertrauen auf den Schutz Gottes hin. Wenn wir sagen „da hatte ich einen guten Schutzengel", drücken wir damit aus, dass wir eine gefährliche Situation heil überstanden haben und dass wir sicher sind, dass Engel, als hilfreiche Mächte, bei uns waren und uns beschützt haben.

Erzählen Sie sich bitte in ihren Tischgruppen:
- In welchen Situationen ist Ihnen in Ihrem Leben ein Engel begegnet?
- Wo sind Sie für einen anderen Menschen zum Engel geworden?

Die Teilnehmer/-innen sprechen in den Tischgruppen über ihre Engelerfahrungen.

Überleitung / Einladung zum Tanz

Im Buch Exodus im Alten Testament wird folgende Verheißung gemacht:

„Ich werde einen Engel schicken, der dir vorausgeht. Er soll dich auf dem Weg schützen und dich an den Ort bringen, den ich bestimmt habe" (Exodus 23,20).

In diesem Text wird nicht gesagt, wie wir uns den Engel vorstellen müssen. Wer oder was das ist, den Gott uns schickt. Es kann sein, dass uns im Alltag

Menschen begegnen, die für uns zum Engel werden. Die zum Beispiel ein offenes Ohr für unsere Nöte haben, die uns zuhören, geschickt nachfragen und uns dadurch Alternativen erkennen lassen; die durch ihre Ansichten, ihre Erfahrungen, die sie mit uns teilen oder ihre Art zu leben hellhörig machen, oder die einen Blick für das Notwendige besitzen und uns dadurch helfen. Manchmal finden wir aber auch plötzlich in uns selbst eine Antwort auf eine drängende Frage oder eine Ahnung, wie es weitergehen kann. Dies zeigt, dass es vielfältige Formen der Begegnung mit Engeln und damit mit Gott gibt.

Vielleicht kann die Adventszeit genutzt werden, um hellhörig für die eigenen Engelerfahrungen des Lebens zu werden, oder um sensibel die Nöte der anderen Menschen wahrzunehmen, um für sie zum Engel zu werden, der gerade dann da ist, wenn er gebraucht wird.

Um dieser Engelerfahrung nachzuspüren, lade ich Sie zu einem meditativen Tanz ein, in dem Sie die Erfahrung machen können, wie es sich anfühlt, jemanden zu begleiten und begleitet zu werden.

Tanz einführen – danach gemeinsam tanzen. Musik und Tanzbeschreibung auf der CD „bewegen und besinnen".

Gebet

Abschließen möchte ich unseren Nachmittag mit einem Gebet.

Guter Gott,
das Leben ist nicht immer einfach und geradlinig,
deshalb bitte ich dich:
Schicke mir einen Engel.

Einen Engel, der mir den Weg weist,
wenn ich die Orientierung verloren habe.
Der mir Mut macht,
wenn ich ohne Hoffnung bin.
Der mich beschützt,
wenn ich Neues wage.
Der mich tröstet,
wenn ich traurig bin.

Einen Engel, der mich durch den Advent begleitet
und mir hilft, deine Spuren in meinem Leben zu entdecken,
der mich öffnet für die Nöte anderer Menschen,
damit ich ihnen zum Engel werden kann.
Amen.

Abschied

Kommen Sie gut nach Hause. Vergessen Sie nicht, Ihren Engel wieder mitzunehmen. Ich hoffe, dass Ihr Engel Sie zu Hause an unseren heutigen Nachmittag erinnert und dadurch die Gedanken und der Austausch noch nachwirken. Ich wünsche Ihnen eine ruhige Adventszeit, in der sie sich auf die Menschwerdung Gottes vorbereiten können, und hoffe, dass das Weihnachtsfest Ihnen Mut und Zuversicht gibt, den Weg Ihrer eigenen Menschwerdung weiterzugehen.

IN DER HERBERGE WAR KEIN PLATZ FÜR SIE

EINE ADVENTSFEIER

ZIELGRUPPE: Seniorinnen und Senioren

GRUPPENGRÖSSE:
Beliebig. Die Teilnehmer/-innen sitzen in Tischgruppen zu ca. sechs Teilnehmer/-innen, damit sie gut ins Gespräch kommen.

DAUER: Ca. 60–90 Minuten

CHANCEN:
Die Herbergssuche ist traditionellerweise auch Stoff für ein szenisches Krippenspiel. In Anlehnung daran ist dieser Besinnungsnachmittag als Sprechstück mit verschiedenen Rollen konzipiert. Dazwischen werden alte Advents- und Weihnachtslieder angestimmt und es gibt Anregungen zum Nachdenken und zum Gespräch. Themen sind sowohl die Herbergssuche Gottes bei uns Menschen wie auch das biografische Thema „Wo bin ich daheim".

MATERIALIEN:
- ❑ Adventskranz oder Gestell mit vier großen Kerzen, die nach und nach angezündet werden.
- ❑ Die Teilnehmenden bei einem Treffen vorher bitten, ihren Geburtsort aufzuschreiben. Die Orte auf dem Liedblatt abdrucken.
- ❑ Lieder: „Wer klopfet an" (Seite 45), „Als ich bei meinen Schafen wacht" (Seite 47), „Wir sind allein in dieser Welt" (Seite 49), „Macht hoch die Tür" (GL 107), „Es kommt ein Schiff geladen" (GL 114)
- ❑ Drei Sprecher/-innen
- ❑ Evtl. Musikanten/-innen für Instrumentalstücke und zur Liedbegleitung und kleiner Chor.

TEXT FÜR DIE ANKÜNDIGUNG: HERBERGSSUCHE – ADVENTSBESINNUNG FÜR SENIORINNEN UND SENIOREN

Die Heilige Familie machte in Bethlehem die Erfahrung, keine Herberge zu finden, in der Jesus geboren werden kann. Wir wollen in einem Sprechspiel und beim Singen alter Advents- und Weihnachtslieder darüber nachdenken, was diese biblische Szene für uns bedeuten kann.

Begrüßung

Ich begrüße Sie herzlich hier in unserem warmen und adventlich geschmückten Pfarrsaal. Wenn wir uns jetzt über die Bedeutung der „Herbergssuche" besinnen, denken wir auch daran, dass es viele Menschen auf der Welt gibt, die jetzt nicht im Warmen und Trockenen geborgen sind – Menschen die heimatlos sind, die fliehen mussten oder vertrieben sind; Menschen, die im Alter noch einmal umgezogen sind und sich schwer tun, in einer zunächst fremden Umgebung daheim zu sein.

Instrumentalstück einspielen.

Herbergssuche (Teil A)

Sprecher A:

In jenen Tagen machte sich auch Josef auf den Weg
von Nazareth nach Bethlehem, in die Stadt Davids.
Mit ihm ging seine Verlobte Maria, die schwanger war.
Als sie in Bethlehem ankamen, waren sie erschöpft,
hungrig und durstig von einem langen Weg.
Maria spürte, dass die Zeit der Geburt nahe war.
Sie suchten nach einem Dach überm Kopf,
nach einer Herberge,
nach einem geeigneten Ort,
an dem Gott unter den Menschen willkommen ist.
Aber es war nirgendwo Platz für sie.

Raum abdunkeln

Lied Wer klopfet an

(evtl. als Wechselgesang in zwei Gruppen)

2. *(2. Wirt)* Wer vor der Tür? – Ein Weib mit seinem Mann.- Was wollt denn ihr? – Hört unsere Bitte an: Lasset uns bei euch wohnen, Gott wird auch schon alles lohnen! – Was zahlt ihr mir? – Kein Geld besitzen wir! – Dann fort von hier! – O öffnet uns die Tür! – Ei, macht mir kein Ungestüm! Da packt auch, geht woanders hin!

3. *(3. Wirt)* Wer drauß noch heut'? – O Lieber, komm heraus! – Sind's Betteleut? – O öffnet uns das Haus! Freunde, habt mit uns Erbarmen, einen Winkel gönnt uns Armen! – Da ist nichts leer. – So weit gehn wir heute her. – Ich kann nicht mehr – O lieber Gott und Herr! – Ei die Bettelsprach führt ihr, ich kenn sie schon, geht nur von hier.

4. *(4. Wirt)* Geht nur gleich fort! – O Freund, wohin? Wo aus? – Zum Viehstall dort! – So gehn wir halt hinaus. O mein Gott, nach deinem Willen wollen wir die Armut fühlen. – Jetzt packt Euch fort! – O dies sind harte Wort'. – Zum Viehstall dort! – Ach wohl ein schlechter Ort. – Ei der Ort ist gut für Euch, ihr braucht nicht mehr, da geht nur gleich.

(Teil B) *Sprecher B:*

In jener Nacht war in ganz Bethlehem kein Platz für sie.
So gingen sie aus der Stadt hinaus,
dorthin, wo es dunkel und kalt ist, still und einsam.
Dorthin, wo um diese Zeit eigentlich niemand mehr ist,
höchstens ein paar Hirten bei ihren Herden,
aber die zählten nicht viel in jenen Tagen.
Da standen sie nun,
über sich der unendlich weite Sternenhimmel,
in sich eine große Hoffnung.

(Teil C) *Sprecher C:*

In jener Nacht kam Gott als Mensch auf unsere Erde,
draußen vor den Toren der Stadt,
in einem schmutzigen Schafstall.
Hier gebar Maria ihr Kind, wickelte es in Windeln
und legte es in eine Futterkrippe.

Und es war,
als ob ein Funke vom Himmel auf die Erde gesprungen wäre
und viele Lichter entzündet hat, wo es eben noch dunkel war.
Und es wurde warm, trotz aller Kälte.
Und es war Musik da, Freude und Tanz,
um den kleinen Menschen zu begrüßen,

Erste Kerze am Adventskranz anzünden, Kerzen auf den Tischen anzünden

Sprecher A:
Feiern wir Gottes Sympathie für die,
die am Rande leben,
die nicht ernst genommen werden,
die leicht übersehen werden.

Lied Als ich bei meinen Schafen wacht

2. Er sprach: „Der Heiland Jesu Christ zu Bethlehem gboren ist!" Des bin ich froh …
3. „Das Kindelein liegt in einem Stall und will die Welt erlösen all!" Des bin ich froh …
4. Als ich zum Stalle trat hinein, in Windeln lag das Kindelein. Des bin ich froh …
5. Das Kind zu mir die Äuglein wandt, mein Herz gab ich in Seine Hand. Des bin ich froh …

Herbergssuche (Teil D)

Sprecher B:

Damals herrschte König Herodes in diesem Land.
Er hatte von dem Kind gehört
und er bekam Angst.
Er schickte seine Soldaten aus,
um es zu finden und zu töten.
Josef erschien ein Engel im Traum und sagte:
Steh auf, nimm deine Frau und dein Kind, und fliehe nach Ägypten.
Josef stand eilig auf und sie flohen nach Ägypten,
um ihr Leben zu retten.

Sprecher C:

Viele Menschen sind auch heute auf der Flucht,
müssen ihre Heimat verlassen,
haben Hab und Gut verloren,
brechen auf in eine ungewisse Zukunft.
Man nennt sie Heimatlose, Flüchtlinge, Vertriebene.
Sie sind auf der Suche nach einer Herberge,
nach einem Ort, an dem sie daheim sein können,
an dem sie keine Fremdlinge sind.

Sprecher A:

Auch im Laufe eines langen Lebens heißt es immer wieder:
Aufbrechen und loslassen,
Liebgewonnenes zurücklassen,
entwurzelt werden,
einen neuen Anfang wagen.
Viele von uns haben diese Erfahrung in ihrem Leben gemacht.
Wir haben Sie gebeten, Ihren Geburtsort auf ein Blatt zu schreiben.
Wenn jetzt diese Orte und Städte vorgelesen werden,
können wir erahnen, wie viele Wendungen die Lebenswege in unserem Kreis schon genommen haben.
Und auch, wer immer ganz in der Nähe gewohnt hat, hat in seinem Leben immer wieder aufbrechen, loslassen und neu anfangen müssen.

Zweite Kerze anzünden, die Geburtsorte der Teilnehmer/-innen vorlesen (A – B – C); die Orte stehen auch auf dem Liedblatt und sind Anregung, neue Kontakte zu knüpfen.

Instrumentalmusik einspielen

Herbergssuche (Teil E)

Sprecher B

Und auch im Alter sind viele Menschen noch nicht am Ziel.
Sie stellen sich Fragen wie:
Muss ich noch einmal meine Zelte abbrechen und umziehen?
Wo werde ich wohnen, wenn ich mich nicht mehr selbst versorgen kann?
Ungewissheit, Ängste, Unsicherheit, Zweifel.
Wo wird ein Platz sein, um zu wohnen,
wo ich mich sicher und geborgen fühle,
wo ich zusammen leben kann mit lieben Menschen?
Herbergssuche – auch im Alter.

Lied Wir sind allein in dieser Welt

2. Wir sind so bloß auf dieser Welt. Ich hab kein Linnen, keine Schuh. Womit deck ich mein Kind denn zu? Wer will uns Arme kleiden?
3. Wir sind voll Harm in dieser Welt. Das Herz ist schwer voll Bitterkeit, und alle Hoffnung ist so weit. Wer will uns Arme trösten?
4. Wir sind gefangen in der Welt. Die Nacht ist wie ein Kerker kalt und dunkel wie ein böser Wald. Wer will uns Freiheit bringen?
5. Wir sind so krank in dieser Welt. Der Schmerz ist wie ein heißer Brand, es kühlt uns keine milde Hand. Wer will uns Kranke heilen?
6. Wir sind so arm in dieser Welt. Wir haben Speise nicht und Trank und keinen Tisch und keine Bank. Wer will uns Arme speisen?
7. Wir sind gering in dieser Welt. Die Erde gib nicht Raum, nicht Brot, kein Mensch erbarmt sich unsrer Not. Mein Gott, Komm uns zu Hilfe!

Musik: Adolf Lohmann † 1935 / Text: Georg Thurmaier

Herbergssuche (Teil F)

Sprecher C:
Nicht nur Orte, Häuser und Wohnungen, vertraute Gegenden sind Heimat.
Vor allem Menschen sind Heimat,
für die ich wichtig bin, die mich lieben,
die meine Sprache sprechen,
die mich verstehen und die ich verstehe,
mit denen ich eine Geschichte habe.

Sprecher A:
Denken wir für einen Moment an Menschen, die für uns Heimat bedeuten.
Denken wir an diejenigen, die uns Gastfreundschaft gewährt haben.
Und für wen bedeuten wir Heimat? Wen laden wir zu uns nach Hause ein?
(*Stille*)

Instrumentalmusik einspielen, dabei dritte Kerze anzünden.

Sprecher B:
An Weihnachten feiern wir, dass Gott nicht der Ferne geblieben ist,
sondern uns nahe gekommen ist,
in seinem Sohn Mensch geworden ist.
Gott nimmt mit uns Beziehung auf.
Gott wohnt mitten unter uns.
Gott wohnt da, wo man ihn einlässt.

Sprecher C:
An Weihnachten klopft es an die Tür unseres Herzens
Werden wir öffnen?
Werden wir die weiterschicken, die draußen stehen?
Können wir Gott einlassen,
dass er in uns geboren wird
und unser Leben hell macht,
dass er uns Mut und Kraft schenkt?

Lied Macht hoch die Tür (GL 107, Strophen 1, 4, 5)

Unsere Bitten

Sprecher A:
Bitten wir für alle Menschen auf der Welt,
die kein schützendes Dach über dem Kopf haben.

Für alle, denen die Heimat genommen wurde, die heimatlos sind.

Für alle, die noch einmal neu aufbrechen müssen
und neu Wurzel schlagen in einer neuen Umgebung.

Beten wir für die, die jetzt in einem Krankenhaus sind,
für alle, die in Alten- und Pflegeheimen wohnen –
und für diejenigen, die Menschen betreuen und pflegen.

Beten wir für unsere lieben Toten –
Guter Gott, schenke ihnen die ewige Heimat,
lass sie bei Dir geborgen sein.

Beten wir auch für die jungen Menschen –
Gott hilf ihnen, ihren Weg und ihren Platz finden.

Sprecher B:
Der gute Gott schenke uns seinen Segen.
Er will in unserer Mitte wohnen
und uns Heimat schenken.
So segne uns der Vater – der Sohn – und der Heilige Geist. Amen

Sprecher C:
Wir wünschen Ihnen einen guten Weg durch den Advent
und ein frohes Weihnachtsfest!

Lied Es kommt ein Schiff geladen (GL 114)
Anschließend Kaffeerunde und Zeit zum Gespräch.

AUFBRECHEN UND SEINEM STERN FOLGEN

BESINNUNGSTAG ZU DREIKÖNIG

ZIELGRUPPE: Seniorinnen und Senioren

GRUPPENGRÖSSE:
Beliebig. Die Teilnehmer/-innen sitzen in Tischgruppen zu ca. sechs Personen, damit sie gut ins Gespräch kommen.

DAUER: Besinnungstag mit zwei thematischen Einheiten von je 90 Minuten, oder als Besinnungsnachmittag 60–90 Minuten.

CHANCEN:
- Da in der Zeit um Dreikönig meistens wegen der Weihnachtspause keine Seniorentreffen stattfinden, ist der tiefe Gehalt dieses Festes kaum im Bewusstsein. Deshalb ist dieser Besinnungs(nachmit)tag so konzipiert, dass er auch schon im Advent – schließlich waren die „drei Könige" ja schon lange vor Weihnachten unterwegs – oder auch nach Dreikönig stattfinden kann.
- Die Themen des Festes: aufbrechen, miteinander unterwegs sein, Miteinander der Generationen und Völker, seinem Stern folgen, seine kostbaren Gaben (und Begabungen) weiterschenken und reich beschenkt werden... werden mit den Lebensthemen älterer Menschen in Verbindung gebracht. Am Ende stehen der Besuch der „Sternsinger" und der Wunsch, dass die Gegenwart Gottes auch in unserem Leben aufleuchten möge.

MATERIALIEN:
- ❑ Figuren der drei Könige aus der Weihnachtskrippe der Kirche gut sichtbar aufstellen (oder künstlerische Darstellung der drei Könige)
- ❑ Tischdekoration: Kerzen und Sterne
- ❑ drei Sprecher/-innen, die abwechselnd die Abschnitte vorlesen
- ❑ Musikanten/-innen
- ❑ Lieder: „Hört, es singt und klingt mit Schalle" (GL 139, Strophen 2–4), „O Heiland, reiß die Himmel auf" (GL 105, Strophen 1–5), Lied der Sternsinger nach Absprache

- ❑ Stifte, Papier (falls Gespräche in den Tischgruppen geplant sind), Pinnwand und Nadeln
- ❑ Die Einzelüberschriften auf große Blätter schreiben und anpinnen: „miteinander unterwegs“, „aufbrechen“, „Wegweisungen entdecken“, „schenken und beschenkt werden“, „kostbare Begabungen“
- ❑ Gegenstand aus Gold, Weihrauchfass, Weihrauchkörner, evtl. Gefäß mit glühenden Kohlen, Strauch (ähnlich wie Myrrhe)
- ❑ eine Sternsingergruppe einladen

TEXT FÜR ANKÜNDIGUNG: SENIOREN-BESINNUNGSTAG – SEINEM STERN FOLGEN

Zum Ausklang der Weihnachtszeit und am Anfang des neuen Jahres laden wir zu einem Besinnungstag ein. Der Tag gibt Anregungen, sich mit dem Weg der „Drei Könige“ zu befassen und in ihren Erfahrungen Ermutigungen für den eigenen Lebensweg zu entdecken. Zu „Besuch“ werden nicht nur die drei Könige aus der Weihnachtskrippe unserer Kirche kommen, sondern auch eine Sternsinger-Gruppe aus unserer Gemeinde.
(Wenn weniger Zeit ist: „Besinnungssnachmittag“ statt „Besinnungstag“)

Begrüßung

Ich begrüße Sie zu unserem Besinnungstag. An „Epiphanie“ – „Fest der Erscheinung des Herrn“ oder „Dreikönig“ – feiert die Kirche die Erscheinung Gottes in unserer Welt, in unserem Leben, sowie die Verehrung des Jesuskindes durch die Weisen, die aus dem Osten hergezogen kamen. Die drei Weisen – die in unserer Tradition zu den drei Königen geworden sind – haben einen langen Weg hinter sich und auch noch einen spannenden Weg vor sich. Unser Besinnungsnachmittag lädt dazu ein, unseren Lebensweg mit ihrem Weg in Verbindung zu bringen.

Instrumentalmusik einspielen.

Betrachtung: Die Krippenfiguren der drei Könige

(oder eine künstlerische Darstellung, die Betrachtung entsprechend abwandeln)

Miteinander unterwegs

In den klassischen Darstellungen sind die „Sterndeuter", wie sie in der Bibel genannt werden, drei Könige. Meistens stellen sie verschiedene Generationen dar: Der eine König ist ein Jüngling, der zweite im mittleren Alter und der dritte in hohem Alter. Somit ist der Weg der drei Könige Ausdruck für das Miteinander der Generationen.

Die drei Könige werden auch als die Vertreter der damals bekannten drei Erdteile dargestellt: Europa, Asien und ein dunkelhäutiger König aus Afrika. Die drei Könige stellen also auch den gemeinsamen Weg von Menschen aus unterschiedlichen Erdteilen dar.

Wir sind nicht allein unterwegs. Wir sind zusammen mit Menschen unterschiedlichen Alters unterwegs. Wir sind zusammen mit Menschen unterschiedlicher Herkunft unterwegs.

Biblische Lesung

Instrumentalmusik einspielen, anschließend Lesung aus dem Matthäusevangelium (2,1–12): Die Huldigung der Sterndeuter.

Aufbrechen

In der Bibel erfahren wir nichts Näheres über den Aufbruch der Sterndeuter. Nur soviel: Sie kommen aus dem Osten, also aus der Richtung der aufgehenden Sonne und sie gehen dann wohl in Richtung Westen, in Richtung der untergehenden Sonne, in Richtung Abend – im übertragenen Sinne auch in Richtung des Lebensabends. Sie haben schon einen weiten Weg hinter sich. Sie wissen nicht genau, wo ihr Ziel ist – aber sie vertrauen darauf, dass ihr Weg ein gutes Ende nehmen wird. Auch wir haben schon einen weiten Lebensweg hinter uns – und auch noch einen Weg vor uns. Auch wir müssen Tag für Tag aufbrechen und unseren Weg weiter gehen.

Was bedeutet Aufbrechen für uns? Man könnte meinen, Aufbrechen sei eine Sache der Jugend, für die Alten gilt eher Stillstand, Ruhestand, Rückblick, Unbeweglichkeit. Doch schauen wir genauer hin: Auch im Alter gibt es viele Aufbrüche, vielleicht nicht unbedingt mit äußerer Beweglichkeit verbunden, umso mehr mit innerer Mobilität: Neue Fragen, neue Erfahrungen, Begegnungen und Herausforderungen. Wenn wir uns an unsere Lebensgeschichte erinnern, werden uns viele Aufbruchsituationen einfallen: freiwillige und unfreiwillige Aufbrüche, schmerzliches Abschiednehmen vom bisher Vertrauten – neue Anfänge und Perspektiven im bislang Unbekannten. Die Geschichte der Menschheit ist eine Geschichte von Aufbrüchen, wir leben von den Aufbrüchen unserer Vorfahren und knüpfen an ihnen an.

Die „drei Könige" sind eine Ermutigung, auch im Alter die „Aufbruchstimmung" nicht zu vergessen. Eine Ermutigung, den Blick zu heben und das Blickfeld zu weiten. Nicht nur auf das schauen, was direkt vor einem liegt; nicht nur über das grübeln, was uns gerade beschäftigt. Sondern den Kopf heben, einen weiten Horizont gewinnen, die Dinge in größeren Zusammenhängen sehen … und dann einen neuen Schritt wagen.

In Tischgruppen Austausch über Aufbrüche im Alter (evtl. auf kleinen Blättern notieren, die Ergebnisse anpinnen): Welche neuen Schritte habe ich noch im höheren Alter gemacht? Zum Beispiel mit dem Flugzeug geflogen, den Umgang mit dem Computer gelernt, eine Sprache gelernt, auf Nachbarn zugegangen, mich in einer Gruppe engagiert, Musik gemacht, umgezogen, Führerschein abgegeben, Ernährung umgestellt, den Tages- und Wochenablauf strukturiert, Sachen verschenkt, einen Jugendtraum verwirklicht …

Instrumentalmusik einspielen

Wegweisungen entdecken

So wie den biblischen Sterndeutern geht es auch uns: Wir haben eine Vorstellung, wie alles werden soll – und dann kommt alles doch ganz anders. Für die Sterndeuter war es klar: Ein neugeborener König muss in der Hauptstadt zu finden sein, im Schloss des Königs. Aber hier treffen sie auf einen ratlosen und hinterhältigen Herrscher. Da merken die Sterndeuter, dass es sich um einen König von ganz eigener Art handeln muss, der ihre Vorstellungen übersteigt. Schließlich wird der

Rat der Fachleute eingeholt, die Schriftgelehrten kommen mit ihren dicken Büchern. Sie werden fündig beim Propheten Micha, der das kleine Dorf Bethlehem als Geburtsort des Messias nennt. Die Schriftgelehrten wissen Bescheid – aber sie kommen nicht auf die Idee, ihre Erkenntnis in Handeln umzusetzen und sich auf den Weg zu machen. So stehen die Sterndeuter wieder allein auf weiter Flur und müssen im Dunkeln ihren Weg suchen. Doch der Stern lässt sie nicht im Stich und zieht vor ihnen her bis zu dem Ort, an dem das Kind ist.

Gebet

Guter Gott,
wenn unser Weg durchs Dunkle geht –
sei Du uns Licht;
wenn wir die Orientierung verloren haben –
zeige Du uns Richtung und Ziel;
wenn unsere Erwartungen enttäuscht werden –
mache uns bereit
für die Überraschungen des Lebens,
für neue Perspektiven.
Gib uns den Mut zu neuen Wegen
und geh mit uns auf unserem Weg.

Lied Hört, es singt und klingt mit Schalle (GL 139, Strophen 2-4)

Schenken und beschenkt werden

Gegenstände zeigen: Etwas aus Gold (ein wertvolles Gerät, z. B. aus der Kirche, oder Schokoladentaler in Goldpapier), ein Weihrauchfass (evtl. einige Weihrauchkörner auf glühende Kohlen legen, aber Vorsicht, viele ältere Menschen bekommen dabei Atembeschwerden); ein Nadelzweig.

Im Matthäusevangelium heißt es: „Sie gingen in das Haus und sahen das Kind und Maria, seine Mutter; da fielen sie nieder und huldigten ihm. Dann holten sie ihre Schätze hervor und brachten ihm Gold, Weihrauch und Myrrhe als Gaben dar.“ (Mt 3,11)

Evtl. in Tischgruppen Ideen zu Gold – Weihrauch – Myrrhe sammeln.

Gold ist ein sehr kostbares Metall, es ist ein Zeichen von Macht und königlicher Würde. Weihrauch sind sehr teure Harzkörner, die beim Verbrennen starken Duft, „himmlischen Wohlgeruch“, entwickeln. Die Verwendung von Weihrauch im Gottesdienst wird mit dem Wunsch verbunden, dass unsere Gebete wie Weihrauch zum Himmel steigen mögen.

Der Harz des Myrrhe-Strauches wird medizinisch gegen Entzündungen und zur Schmerzlinderung angewendet, mit ihm werden Verstorbene gesalbt. Die kostbaren Gaben der Sterndeuter stehen also für die königliche Würde jedes Menschen sowie für das Heil an Leib und Seele.

Kostbare Begabungen

Auch wir sind nicht mit leeren Händen unterwegs. Jeder von uns hat im Lauf des Lebens viele Begabungen und Fähigkeiten entfaltet. Die Erlebnisse und Erfahrungen unseres Lebens sind zum Schatz unserer Lebenserfahrungen geworden.

Sind wir uns unserer Begabungen bewusst – auch wenn wir sie oft gering schätzen und unser Licht unter den Scheffel stellen? Was sind die besonderen Begabungen älterer Menschen, die die Fähigkeiten der Jüngeren ergänzen? Können wir den Reichtum unseres Lebens loslassen und weiterschenken?

Die „drei Könige“ laden uns dazu ein, unsere Gaben und Begabungen nicht nur für uns selbst zu behalten, sondern sie miteinander zu teilen. Weihnachten ist ein Fest des Austausches; indem wir Gebende sind, werden wir auch zu reich Beschenkten.

Evtl. in Tischgruppen „Begabungen des Alters“ sammeln (auf kleine Blätter schreiben und damit eine große Pinnwand gestalten).

Die Gegenwart Gottes mitten in unserer Welt wahrnehmen

Das Fest Dreikönig heißt auch „Epiphanie“, das bedeutet „Fest der Erscheinung des Herrn“. Es ist das Weihnachtsfest der orthodoxen Kirche. „Epiphanie“ weist darauf hin, dass Gott nicht der Ferne ist, sondern seine Herrlichkeit mitten in unserer Welt in unserem Leben aufscheint. Wenn wir in diesem Sinne Weihnachten feiern, ist Weihnachten nicht nur das Fest der schönen Erinnerungen, sondern auch das Fest der Gegenwart Gottes und das Fest des Vertrauens auf Gott, der unseren Weg bis ans Ende begleiten wird.

Lied O Heiland, reiß die Himmel auf (GL 105, Strophen 1–5)

Wenn es möglich ist, kommen am Ende der Feier die Sternsinger dazu.

Begrüßung der Sternsinger

Euer Weg ist weit und führt über viele Wege und Treppen. Ihr steht vor vielen Türen – auch vor den Türen von Menschen, die ihre Wohnung kaum mehr verlassen können. Ihr bringt allen Menschen die Zusage: Über eurem Leben und über eurer Wohnung soll der Segen Gottes liegen. Und Ihr schreibt die Buchstaben C + M + B und die Zahl des neuen Jahres über die Türen *(evtl. dies auch im Pfarrsaal gut sichtbar an einen geeigneten Platz anschreiben).* Das bedeutet „Christus mansionem benedicat" – Christus möge das Haus und alle, die hier leben, in diesem Jahr segnen.

Ihr seid als Könige gekleidet, als Sternsinger. Ihr zeigt damit: Jeder Mensch hat königliche Würde – ob er ein Kind, ein Jugendlicher ist, ob er älter oder sehr alt ist. Wir wünschen euch und uns allen, dass wir uns unserer Würde immer bewusst sind und dass die Würde jedes Menschen geachtet wird.

Vielen Dank für euren Besuch. Hoffentlich werdet ihr Sternsinger viele offene Türen und offene Herzen finden!

Sternsinger singen ihr Lied (evtl. auf Liedblatt abdrucken) und sagen ihren Segensspruch.
Evtl. gehen sie mit ihrer Sammelbüchse durch die Reihen. Dann werden sie bewirtet.

Segenswunsch

Ich wünsche Ihnen einen guten Weg durch das neue Jahr. Mögen Sie den Stern nicht aus den Augen verlieren, der unserem Leben Sinn und Richtung gibt. Mögen Sie in gutem Kontakt sein zu den Menschen, die mit Ihnen unterwegs sind.
So segne uns der gute Gott: Der Vater – der Sohn – und der Heilige Geist.
Lasst uns weitergehen im Vertrauen darauf, dass Gott alle unsere Wege begleitet und behütet.

„MEINE AUGEN HABEN DAS HEIL GESEHEN“

SENIORENTREFFEN ZU MARIÄ LICHTMESS

ZIELGRUPPE: Seniorinnen und Senioren

GRUPPENGRÖSSE:
Beliebig. Die Teilnehmer/-innen sitzen in Tischgruppen zu ca. sechs Personen, damit sie gut ins Gespräch kommen.

DAUER: 60–90 Minuten

CHANCEN:
Dieses Fest hat viele Facetten, die bei einem Seniorentreffen aufgegriffen werden können. Dazu einige Anregungen, die je nach der zur Verfügung stehenden Zeit ausführlicher (z.B. bei einem Besinnungstag) vertieft werden können. Je nach Teilnehmer/-innen-Gruppe werden sich unterschiedliche biografische Ansatzpunkte ergeben. Zwischen den einzelnen Impulsen werden mit den Teilnehmer/-innen bekannte Weihnachtslieder gesungen.

MATERIALIEN:
- ❑ Kärtchen vorbereiten, auf denen eine Redewendung mit „Licht“ oder eine Umschreibung steht
- ❑ Figuren aus der Weihnachtskrippe der Kirche besorgen
- ❑ Gebäck in Form von Tauben backen oder besorgen
- ❑ verschiedenartige Kerzen
- ❑ wenn möglich Schnee zum Betasten auftreiben
- ❑ die ersten Frühlingsboten als Tischdekoration: Schneeglöckchen, Krokus, Osterglocken, Zweige mit Knospen
- ❑ bekannte Weihnachts- und Frühlingslieder
- ❑ Blatt mit dem „Lobgesang des Simeon“

TEXT FÜR DIE ANKÜNDIGUNG: „MEINE AUGEN HABEN DAS HEIL GESEHEN" – DAS FEST MARIÄ LICHTMESS

Wir wollen miteinander die Weihnachtszeit beenden und den verschiedenen Bedeutungen des Festes „Mariä Lichtmess", das auch Fest der „Darstellung des Herrn" genannt wird, nachgehen. Das Fest ist eine Einladung, unsere Augen dem Licht zuzuwenden und unser Inneres dem Licht zu öffnen.

Begrüßung

Ich begrüße Sie an der Schwelle zwischen Weihnachtszeit und beginnendem Frühling herzlich. Wir wollen den verschiedenen Bedeutungen des alten Festes „Mariä Lichtmess" nachgehen. Zunächst lade ich Sie ein, sich mit Redewendungen zum Thema „Licht" zu befassen.

Sprichwörtliche Redewendungen zum Thema „Licht"

Leiter/in benennt die Umschreibung, die ganze Gruppe wird aufgefordert, die dazu passende Redewendung zu finden.

Thema	Botschaft
Grünes Licht geben	Erlaubnis geben, etwas ins Rollen bringen
Ihm geht ein Licht auf	Er begreift endlich etwas
Jemandem ein Licht aufstecken	Jemand zu einer Erkenntnis verhelfen
Jemand hinters Licht führen	Jemand täuschen, betrügen
Zu Licht gehen	Sich reihum treffen, um Licht und Wärme zu sparen
Es kommt etwas ans Licht	Etwas Verborgenes wird aufgedeckt
Licht am Ende des Tunnels sehen	Nach einer langen Krise einen Ausweg sehen
Es brennt etwas lichterloh	Es ist etwas total in Flammen

Thema	Botschaft
Lichtjahre entfernt	Eine unabsehbar lange Zeit
Sein Licht unter den Scheffel stellen	Viel zu bescheiden sein
Das Licht scheuen	Sich verstecken
Wo viel Licht ist, ist auch viel Schatten	Alles hat Vorteile und Nachteile
Das ist ein Lichtblick	Die Lage bessert sich
Sein Licht leuchten lassen	Seine Begabungen zur Geltung bringen
Sein Lebenslicht löschen	Sterben
Es geht mir ein Licht auf	Eine plötzliche Erkenntnis haben
Bei Licht betrachtet	Etwas in Ruhe nochmals anschauen
Ihr seid das Licht der Welt	Universaler Auftrag an Christen
Licht ins Dunkel bringen	Etwas aufklären
Wenn du meinst, es geht nicht mehr, kommt irgendwo ein Lichtlein her	Es besteht trotz allem noch Hoffnung
Etwas ins rechte Licht rücken	Eine Sache richtig stellen
Im Rampenlicht stehen	Ganz viel Aufmerksamkeit erwecken
Herr, gib ihm ewige Ruhe und das ewige Licht leuchte ihm!	Fürbitte für Verstorbene

Zusammenfassung

„Licht“ wird nicht nur im wörtlichen Sinn verstanden, sondern auch im übertragenen Sinn für einen einzelnen Menschen, der „helle“ ist und dem ein Licht aufgeht oder für Situationen und Beziehungen. In der Bibel ist Licht Symbol für die Begabung jedes Menschen – Blinde werden geheilt, niemand soll sein Licht „unter den Scheffel stellen“; es ist Auftrag an die Christen, Licht in die Welt zu bringen; Gott selbst und seine Weisung werden als Licht über unserem Weg gepriesen.

Facetten des Festes

Ende der Weihnachtszeit

40 Tage nach Weihnachten wurde Mariä Lichtmess als Ende der Weihnachtszeit gefeiert.

Spätestens jetzt wurde der Weihnachtsbaum aus der Wohnung geräumt und die Weihnachtskrippe abgebaut.

Im Folgenden werden die Teilnehmer eingeladen, ihre Erinnerungen an den Abbau und das Verstauen der Weihnachtskrippe zu Hause und in der Kirche zu erzählen. Evtl. kann auch die Weihnachtskrippe in der Kirche im Rahmen einer kleinen Feier zusammen mit den Senioren/innen abgebaut werden.

Mariä Reinigung

Der früher gebräuchliche Name „Mariä Reinigung" erinnert an den jüdischen Brauch, nach dem eine Mutter 40 Tage nach der Geburt als „unrein" galt, bis sie ein Reinigungsopfer – z. B. ein oder zwei Tauben – dargebracht hatte. Deshalb ging Maria mit Josef und Jesus nach Jerusalem in den Tempel (Lk 2,22). So war dieses Fest lange vor allem ein Marienfest.

Die Teilnehmer können Bräuche, ungeschriebene Gesetze, Verbote, Schutzvorschriften, Gewohnheiten nennen, die Frauen in der Zeit nach ihrer Niederkunft betreffen. Evtl. kann dazu Gebäck in Form von Tauben gebacken und angeboten werden.

Darstellung des Herrn

Da ein erstgeborener Sohn als ein Eigentum Gottes galt, musste er von seinen Eltern durch ein Opfer ausgelöst werden. Er wurde zu einem Priester gebracht und vor Gott „dargestellt". Daher kommt der seit der Liturgiereform 1960 offizielle Name des Festes „Darstellung des Herrn". Beeindruckend im Bibeltext ist, dass Maria ihr Kind aus der Hand gibt, es loslässt und es dem Greis Simeon in die Hände gibt.

Die Teilnehmer können eingeladen werde, darüber zu sprechen, wie es ihnen dabei ergangen ist, die eigenen Kinder loszulassen und dem Schutz Gottes anzuvertrauen.

Simeon und Hannah

Im Mittelpunkt des Festevangeliums steht die Begegnung von zwei alten Menschen mit dem Jesuskind. Der greise Simeon nimmt das kleine Kind in seine Arme und preist Gott mit einem wunderbaren Gebet: „Nun lässt Du Deinen Knecht in Frieden scheiden. Denn meine Augen haben das Heil gesehen …" Dieses Gebet („Nunc dimittis") bildet auch den Abschluss des täglichen Nachtgebets der Kirche („Komplet") – damit wird daran erinnert, dass die Gestaltung des Tagesabschlusses eine Vorbereitung auf die Gestaltung des Lebensabschlusses ist.

Simeon begegnet uns als ein Mensch, der warten kann. Seine Lebenssehnsucht ist noch nicht erfüllt, der seit Jahrzehnten gewohnte Ablauf kann nicht alles gewesen sein, denn es muss und wird noch etwas Neues aufbrechen – die „Erfüllung", das „Heil", also nicht die Rekonstruktion des Vergangenen. Simeon hat weniger sein kleines, privates Glück vor Augen, es geht ihm um das Heil, das Gott allen Völkern bereitet hat. In dem kleinen Kind erkennt Simeon das ersehnte „Heil" – nun kann er loslassen und in Frieden sterben. Er erlebt dieses Neue nicht als bedrohliche Verunsicherung seines bisherigen Weltbildes, sondern als die Erfüllung seiner Träume.

Wie Simeon beginnt auch die 84-jährige Prophetin Hannah Gott wegen des Kindes zu preisen. Von ihr sind keine Worte überliefert, aber wir erfahren einiges über ihr Schicksal: Sie ist für damalige Lebensverhältnisse mit 84 Jahren uralt. Schon bald nach ihrer Hochzeit ist sie verwitwet. Vermutlich hat sie keine Angehörigen, sondern ist auf sich allein gestellt. Wir können uns kaum vorstellen, wie miserabel damals die Lage einer Witwe ohne Angehörige war. Jesus und die Propheten haben sich mit scharfen Worten immer wieder für Witwen eingesetzt, denn sie waren nicht nur von materieller Not bedroht, sondern wurden auch verachtet und an den Rand der Gesellschaft gedrängt. Hannah hätte also gute Gründe, zu verbittern, zu resignieren, sich zurückzuziehen. Aber sie tut dies nicht. Sie hat ihre Lebensaufgabe gefunden, in Gebet und Fasten Gott zu dienen. Sie wird als „Prophetin" bezeichnet, also als ein Mensch, der mit seiner ganzen Existenz ein Lebens- und Glaubenszeugnis abgibt. Auch sie erkennt in dem kleinen Kind die Erlösung durch Gott und sie beginnt Gott zu preisen und diese frohe Botschaft an andere Menschen weiterzusagen.

So gehört die Offenheit zweier alter Menschen für ein kleines Kind ins Zentrum des Festes. In der Bibel kommen relativ wenige alte Menschen vor. Umso bemerkenswerter ist es, dass sie am Übergang vom „Alten Bund" in den „Neuen Bund" eine wichtige Rolle spielen. Simeon und Hannah verkörpern gleichzeitig die Tradition und die Offenheit für die Zukunft – könnte dies nicht auch eine Rolle der älteren Menschen in unserer Gesellschaft sein?

„Meine Augen haben das Heil gesehen" – Die Teilnehmer werden eingeladen, das Heile, Helle, Gelungene und Erfreuliche wahrzunehmen. Es schließt sich eine Erzählrunde über „Heil-Erfahrungen" in den letzten Tagen an.

Geweihte Kerzen

Das christliche Fest knüpft an ein altes römisches Fest an, bei dem Lichterprozessionen durchgeführt wurden. Die Kirche griff diese Tradition auf und sieht im Symbol des Lichtes die Gegenwart Christi oder das Lebenslicht eines jeden Menschen. Es entstand die Tradition, dass an diesem Tag die Kerzen geweiht werden, die in der Kirche das ganze Jahr über benötigt werden. Ebenso brachten die Leute ihre Kerzen für den Hausgebrauch an diesem Tag in die Kirche mit, um sie weihen zu lassen und ihnen so eine hohe „Schutzkraft" zu verleihen. Dies waren nicht nur Kerzen für die Beleuchtung, sondern auch Kerzen für besondere Anlässe, z. B. für Krankheit, Sterben, Tod oder schwarze Wetterkerzen zur Abwehr von „Blitz, Hagel und Ungewitter" – Wir können uns nur schwer vorstellen, welche Existenzbedrohung ein Unwetter in einer Zeit ohne Blitzableiter und Gebäudeversicherung dargestellt hat. Zu Lichtmess wurden vielerorts Wachsmärkte durchgeführt, die auch „Lichtermesse" oder eben „Lichtmess" genannt wurden. Hier konnten die Bauern den Talg geschlachteter Tier oder Klumpen von Bienenwachs bei Wachsziehern gegen Kerzen eintauschen.

Die Teilnehmer erzählen aus ihrem Leben, zu welchen Anlässen Kerzen angezündet wurden und werden. Warum? (z.B. Geburtstagskerzen, Taufkerze, Kerzen auf einer Festtafel, Friedhofslichter, Altarkerzen, Kerzen für den Blasiussegen, Osterkerze, Kerzen in der Ostkirche, Kerzen in Martinslaternen, Wunderkerzen, früher: Kerzen am Fenster für die Ostzone) Evtl. gab es besondere Kerzen, die nur bei bestimmten Gelegenheiten angezündet wurden.

Der Winter geht zu Ende

Eine weitere wichtige Bedeutung hatte „Lichtmess“ für den bäuerlichen Jahreskreis. Jetzt sind die Tage schon merklich länger geworden, die Sonne geht schon fast eine Stunde später unter als an Weihnachten („Maria Lichtmess – bei Tag z'Nacht ess“). Die Sonne gewinnt zunehmend an Kraft und der Schnee schmilzt weg. Die Zeit der Heimarbeit ging für die Bauern zu Ende, und die Arbeit auf dem Feld konnte wieder beginnen. Zu „Lichtmess“ erhielten die Mägde und Knechte ihren Jahreslohn und konnten ihre Dienstherren wechseln. Die Bediensteten hatten einige Tage frei, in denen sie ihre Familien besuchen konnten.

Die Teilnehmer tauschen ihre Erlebnisse mit Schnee (Schnee in die Hand nehmen, die Wangen einreiben, Schnee in kleinen Schüsseln schmelzen lassen) bzw. den ersten Frühlingsboten (Schneeglöckchen, Krokus, Osterglocken, Zweige mit Knospen) aus. Evtl. können auch Frühlingslieder gesungen werden, z.B.: Winter ade; Es tönen die Lieder (Kanon); Alle Vögel sind schon da

Segenswunsch

Stimmen wir am Ende dieser Feier ein in den Lobgesang des Simeon:

Nun lässt du, Herr, deinen Knecht
wie du gesagt hast, in Frieden scheiden.
Denn meine Augen haben das Heil gesehen,
das du vor allen Völkern bereitet hast,
ein Licht, das die Heiden erleuchtet,
und Herrlichkeit für dein Volk Israel. –
Ehre sei dem Vater und dem Sohn
und dem Heiligen Geist,
wie im Anfang so auch jetzt und alle Zeit
und in Ewigkeit. Amen

Ich wünsche Ihnen, dass die Nähe Gottes für Sie zum Licht wird, das Ihr Leben hell und froh machen kann. Der Segen Gottes möge Sie auf allen Wegen begleiten!

WEIHNACHTEN, WIE ES FRÜHER EINMAL WAR

LEBENSGESCHICHTLICHE ERINNERUNGEN

ZIELGRUPPE: Seniorinnen und Senioren

GRUPPENGRÖSSE:
Beliebig. Die Teilnehmer/-innen sitzen in Tischgruppen zu ca. sechs Teilnehmer/-innen, damit sie gut ins Gespräch kommen.

DAUER: Ca. 60–90 Minuten

CHANCEN:
Durch den Austausch von biografischen Erinnerungen kommen die Teilnehmer/-innen sich näher und erfahren mehr voneinander. Das Verständnis füreinander kann dadurch wachsen und die Beziehungen zwischen den Teilnehmer/innen können vertieft werden.

HINWEISE:
Statt Kaffee und Kuchen wird an diesem Tag Kaffee und Weihnachtsgebäck gereicht.

MATERIALIEN:
- ❑ Lieder: „Wir stapfen durch den Schnee“ (Seite 69), „Wir sagen Euch an den lieben Advent“ (GL 115)
- ❑ Arbeitsblatt „Leckereien von A –Z“ (Seite 77) für jede Tischgruppe und Stift
- ❑ Adventskranz mit vier Kerzen und Streichholz

TEXT FÜR DIE ANKÜNDIGUNG: WEIHNACHTEN, WIE ES FRÜHER EINMAL WAR – LEBENSGESCHICHTLICHE ERINNERUNGEN

Wohl kaum eine Zeit des Jahres ist besinnlicher als die Adventszeit. Wenn an den vier Sonntagen vor dem Weihnachtsfest die Kerzen am Kranz entzündet werden, wächst die Freude auf das nahende Weihnachtsfest und Erinnerungen an die Kindheit werden wach.

Wir wollen uns in die Kindheit und Jugend zurückversetzen und den Erfahrungen und Emotionen, die dabei lebendig werden, nachspüren und uns darüber austauschen.

Einführung

In der Kindheit und im Jugendalter machen Menschen prägende Erfahrungen, die sie ein Leben lang begleiten. Die Advents- und Weihnachtszeit ist mit vielen Erinnerungen und Gefühlen verbunden, die aktiviert werden können. Das Sprechen über die eigene Lebensgeschichte und die gemachten Erfahrungen gehört zu den Grundbedürfnissen von Menschen.

Begrüßung

Unser heutiger Nachmittag steht unter dem Thema „Weihnachten, wie es früher war". Dies bedeutet, dass wir uns heute auf einen Weg zurück in unsere eigene Lebensgeschichte begeben und Erinnerungen wecken werden, die 50, 60 oder sogar 70 Jahre zurückliegen. Ich bin sehr gespannt, was Ihnen aus Ihrer Kindheit und Jugend zu Weihnachten einfällt und welche Unterschiede und Gemeinsamkeiten wir entdecken können.

Weihnachten gehört zum Rhythmus unseres Lebens und ist geprägt von der christlichen Tradition. Warten, Vorfreude, Vorbereitung bestimmten früher und heute die Adventszeit.

Jede und jeder von uns hat unterschiedliche Erlebnisse und Erfahrungen mit Advent und Weihnachten, weil wir in verschiedenen Familien aufwuchsen und aus unterschiedlichen Gegenden mit je eigenen Bräuchen und Traditionen stammen.

Lassen Sie uns gemeinsam auf Spurensuche gehen und zusammentragen, wie Weihnachten früher war.

In meiner Erinnerung ist Weihnachten mit Schnee verbunden. Deshalb möchte ich mit Ihnen den Nachmittag mit einem Lied beginnen, das uns an die Kindheit und den Winter erinnert.

Lied Wir stapfen durch den Schnee

(nach der Melodie von Jingle Bells)

Dieses Lied kann als Sitztanz mit einfachen Bewegungen durchgeführt werden. Man kann das Lied auch erst singen und die Teilnehmer/-innen dann selbst Bewegungen dazu erfinden lassen.

1. Wir stapfen durch den Schnee,	die Teilnehmer/innen gehen auf der Stelle
zur schönen Winterszeit,	die Teilnehmer/innen gehen auf der Stelle
wir setzen auf den Schlitten uns	aufstehen und sich wieder setzen
und der ist ganz verschneit	
Klingeling, Klingeling	rechten Arm nach oben führen und fiktive Glocke schütteln – dann links
komm und steig mit ein,	mit beiden Händen einladende Bewegung zum Körper ausführen
wir machen eine Schlittenfahrt	mit beiden Händen Bewegung vom Körper weg nach vorne in die Luft ausführen
ins Winterland hinein.	Bewegung wiederholen
2. Es geht nun froh hinaus	die Teilnehmer/innen gehen auf der Stelle
Ein Schneemann steht vorm Haus	mit beiden Händen kleinen und großen Kreis in Form eines Schneemanns beschreiben
und Kinder spielen Schneeballschlacht	Schneeball formen und werfen
was allen Freude macht	wiederholen
Klingeling, Klingeling	rechten Arm nach oben führen und fiktive Glocke schütteln – dann links
komm und steig mit ein	mit beiden Händen einladende Bewegung zum Körper ausführen
wir machen eine Schlittenfahrt	mit beiden Händen Bewegung vom Körper nach vorne in die Luft ausführen
ins Winterland hinein.	Bewegung wiederholen

3. Der See schläft unterm Eis	Hände nach oben führen, Finger bewegen und Hände nach unten führen (Schnee rieseln lassen)
die Flocken fallen leis,	wiederholen
vom Kirchturm hoch am Bergeshang	mit beiden Händen Kirchturmspitze auf Augenhöhe formen
klingt heller Glockenklang.	Kirchturmspitze ganz nach oben führen
Klingeling, Klingeling	rechten Arm nach oben führen und fiktive Glocke schütteln – dann links
komm und steig mit ein,	mit beiden Händen einladende Bewegung zum Körper ausführen
wir machen eine Schlittenfahrt	mit beiden Händen Bewegung vom Körper nach vorne in die Luft ausführen
ins Winterland hinein.	Bewegung wiederholen
4. Schön ist die Winterzeit,	Teilnehmer/innen gehen auf der Stelle
wenn Wald und Flur verschneit	Hände nach oben führen, Finger bewegen und Hände nach unten führen (Schnee rieseln lassen)
und unsre Augen offen sind	Daumen und Zeigefinger zu Brillengläsern formen und vor die Augen führen
und unsre Herzen weit.	Hände aufs Herz legen und Arme nach außen weit öffnen
Klingeling, Klingeling	rechten Arm nach oben führen und fiktive Glocke schütteln – dann links
komm und steig mit ein,	mit beiden Händen einladende Bewegung zum Körper ausführen
wir machen eine Schlittenfahrt	mit beiden Händen Bewegung vom Körper nach vorne in die Luft ausführen
ins Winterland hinein.	Bewegung wiederholen

Nachdem wir uns nun mit diesem Lied in die Kindheit zurückversetzt haben und Bilder von Schlittenfahrt und Schneeballschlacht wach geworden sind, Bilder von zwei Vergnügen, die jeder von uns aus eigener Erfahrung kennt, wollen wir uns nun mit weiteren Erinnerungen der Weihnachtszeit beschäftigen. Advent und Weihnachten wird meist mit Schnee und Kälte in Verbindung gebracht aber auch mit der mollig warmen Stube, den schönen Ritualen, den weihnachtlichen Düften und Gerüchen und vielem mehr.

Wir widmen uns nun im ersten Teil des Nachmittags der Adventszeit. Bitte tauschen Sie Ihre Erinnerungen zu folgenden Impulsen in den Tischgruppen aus:

Impulse für den Austausch in den Tischgruppen

- Wie haben Sie die Adventszeit in Ihrer Kindheit/Jugend erlebt?
- Was ist Ihnen besonders eindrücklich in Erinnerung geblieben?
- Welche Bräuche/Rituale wurden in Ihrer Familie gepflegt?

Austausch in den Tischgruppen

Ein Brauch der in Ihren Tischgruppen bestimmt auch zur Sprache kam, ist das Singen am Adventskranz. Ich zünde an unserem Adventskranz die ersten beiden Kerzen an und lade Sie ein, gemeinsam vom Lied „Wir sagen Euch an den lieben Advent“ die erste und zweite Strophe zu singen.

Lied Wir sagen Euch an den lieben Advent (GL 115, Strophe 1 und 2)

Schon ist nahe der Herr, haben wir gerade gesungen. Dies macht deutlich, dass der Advent, die Zeit der Vorbereitung auf das Weihnachtsfest ist. Zur Vorbereitung gehört die innere Vorbereitung, aber auch die äußere Vorbereitung. Zur Festvorbereitung gehörte, dass früher viel selbst gebacken wurde. Ich kann mich gut erinnern, wie meine Mutter und Großmutter tagelang Weihnachtsgebäck gebacken haben und ich als Kind mithelfen durfte beim Ausstechen des Teiges und beim Verzieren der Plätzchen. Das hat großen Spaß gemacht.

Von A-Z

Da es viele unterschiedliche Leckereien gab, habe ich ein Blatt vorbereitet „Leckereien von A – Z“ und bitte Sie, an Ihren Tischen, dieses Blatt mit den Dingen zu füllen, die Ihnen dazu einfallen. Vielleicht gelingt es zu jedem Buchstaben des Alphabets eine Leckerei zu finden. Sollte diese den anderen nicht bekannt sein, erzählen Sie doch bitte, woraus diese Köstlichkeit besteht und wie sie gemacht wird.

Sollte eine Tischgruppe zu einem Buchstaben keine Leckerei gefunden haben, stellen die anderen Tischgruppen ihre Leckerei vor.
Eine Möglichkeit ist auch, dass die Tischgruppen zu jedem Buchstaben die gefunden Dinge vorlesen.

Weihnachtsgebäck wurde früher erst an Weihnachten gegessen. Die Dosen mit dem Gebäck wurden weggeschlossen, damit die Kinder nicht in Versuchung kamen, schon in der Adventszeit davon zu naschen. Aber an den Adventssonntagen, beim Singen am Adventskranz gab es schon mal ein „Versucherle“, das die Vorfreude aufs Fest noch steigerte. Bevor wir uns dem Kaffee und den Weihnachtsplätzchen zuwenden zünde ich die dritte Kerze am Adventskranz an und wir singen die dritte Strophe des Liedes „Wir sagen euch an den lieben Advent“.

Lied Wir sagen euch an den lieben Advent, Strophe 3

Gemeinsames Kaffeetrinken, alle essen Weihnachtsplätzchen.

Nachdem wir uns mit Kaffee und Weihnachtsgebäck gestärkt haben, leiten wir den zweiten Teil des Nachmittags ein. Wir singen zunächst die vierte Strophe des Liedes „Wir sagen euch an den lieben Advent“.

Lied Wir sagen euch an den lieben Advent, Strophe 4

Als Kind konnte man es kaum erwarten bis endlich die vierte Kerze angezündet wurde und das Weihnachtsfest nahe war. Das Weihnachtsfest war *das* sehnlich erwartete Fest. Jede/r von Ihnen hat eigene Erinnerungen an dieses Fest.

Impulse für den Austausch über Erinnerungen an das Fest

Erzählen Sie einander doch:

- wie der Heilige Abend und Weihnachten bei Ihnen zu Hause gefeiert wurden;
- was sie als Kind an Weihnachten geschenkt bekamen und
- welche Gefühle sich einstellen, wenn sie an Weihnachten in ihrer Kindheit denken.

Vieles hat sich seit der Kindheit verändert. Aber wir feiern auch dieses Jahr wieder Weihnachten. Vielleicht hat die Erinnerung an frühere Zeiten bewirkt, dass die Vorfreude aufs Fest steigt, vielleicht ist Ihnen aber auch bewusst geworden, was im Lauf der Jahre verloren gegangen ist. Dies kann Anregung sein, sich zu überlegen, was Ihnen wichtig ist und was Sie verändern oder wiederbeleben möchten. Ich wünsche Ihnen einen guten Weg durch den Advent und möchte Sie mit einem Segenswunsch verabschieden.

Segenswunsch

Segne, Gott,
diesen Advent,
dass meine Erinnerungen mich stärken
und mein Herz mit Freude erfüllen.

Segne
meine Gedanken,
dass sie meinen Alltag bereichern
und mein Leben im Advent bunt machen.

Segne
mein Tun,
dass es mich mit Zufriedenheit erfüllt
und besonders im Advent anderen zum Segen wird.

Segne, Gott,
diesen Advent
und lass die Hoffnung wachsen,
dass Deine Liebe durch mich spürbar wird.
Amen.

Abschlusslied Wir stapfen durch den Schnee

Wir haben den Nachmittag mit dem Schlittenlied begonnen und beenden ihn auch mit einer weiteren Strophe dieses Liedes.
Wir wollen das Lied gemeinsam singen und uns dazu bewegen.

5. Wir stapfen nun nach Haus,	Auf der Stelle gehen
der Nachmittag ist aus,	Auf der Stelle gehen
erinnern hat uns froh gemacht,	Arme vor der Brust kreuzen
dass unser Herze lacht.	Arme in die Luft werfen
Klingeling, klingeling,	rechten Arm nach oben führen und fiktive Glocke schütteln – dann links
komm und steig mit ein	mit beiden Händen einladende Bewegung zum Körper ausführen
wir machen eine Schlittenfahrt	mit beiden Händen Bewegung vom Körper nach vorne in die Luft ausführen
ins Winterland hinein.	letzte Bewegung wiederholen,

Kopie

„WEIHNACHTLICHE LECKEREIEN“ VON A – Z

A (z. B. Ausstecherle, Anisbrötchen, Apfelbrot)

B ....

C ....

D ....

E ....

F ....

G ....

H ....

I ....

J ....

K ....

L ....

M ....

N ....

O ....

P ....

Q ....

R ....

S ....

T ....

U ....

V ....

W ....

X ....

Y ....

Z ....

Ist Ihnen zu jedem Buchstaben eine weihnachtliche Leckerei eingefallen?

WEITERE WERKBÜCHER IN DER REIHE „GEMEINDE LEBEN“

Praktische Arbeitshilfen für die Gemeinde – herausgegeben von Klaus Vellguth.
Format: je 17,0 x 24,0 cm, je 80 Seiten, Kartoniert.

Sigrid Krämer / Christine Kreutz
Familiengottesdienste im Advent
Mit CD-ROM
ISBN 978-3-451-32406-2

Erich Schredl
Früh- und Spätschichten
Andachten in der Fasten- und Osterzeit
ISBN 978-3-451-28970-5

Gerlinde Lohmann
Kindergottesdienste
Mit Symbolen den Glauben feiern
ISBN 978-3-451-28972-9

Beate Brielmaier
Kinderbibeltage
Neue Wege zu wichtigen Geschichten
ISBN 978-3-451-28971-2

Iris Windheuser
Unterwegs zur Erstkommunion
Spiele, Rätsel und Bastelanleitungen
ISBN 978-3-451-29174-6

Daniela Stege-Gast
Sankt Martin feiern
in Kindergarten, Schule und Gemeinde
ISBN 978-3-451-29175-3

Gerlinde Lohmann
Krippenspiele
in Kindergarten, Schule und Gemeinde
ISBN 978-3-451-32077-4

Burkhard R. Knipping (Hrsg.)
Nikolaus feiern
in Kindergarten, Schule und Gemeinde
ISBN 978-3-451-32078-1

Patrik C. Höring
Ministrantenstunden
Bausteine und Ideen
ISBN 978-3-451-32017-0

Susanne Moll
Jugendgottesdienste
Modelle und Impulse
ISBN 978-3-451-29497-6

Andrea Kett
Frauengottesdienste gestalten
Feiern mitten aus dem Leben
ISBN 978-3-451-29499-0

Diana Güntner
Meditationen für Frauengruppen
Impulse im Jahreskreis
ISBN 978-3-451-32071-2

In jeder Buchhandlung!

HERDER